어른은 적도 편도 만들지 않는다

한 그루의 나무가 모여 푸른 숲을 이루듯이
청림의 책들은 삶을 풍요롭게 합니다.

가까워도 상처 입지 않고 멀어도 외롭지 않은 관계 수업

어른은 적도 편도 만들지 않는다

장서우 지음

청림출판

어른에게도 인간관계는 어렵다. 이유가 뭘까? 나이가 들며 맺는 인연은 많아지지만 정작 관계에 대한 공부는 해본 적이 없기 때문이다. 어른이 되면서 저절로 관계를 잘 맺고 유지할 수 있는 게 아니라, 반대로 관계를 잘 맺고 유지하는 능력이 있어야 어른이 될 수 있다. 그런 의미에서 이 책은 진짜 어른으로 살게 돕는 '어른의 교과서'라고 부를 수 있다. 차근차근 페이지를 넘기다 보면, 조금씩 어른의 풍모를 갖춘 나를 발견하게 된다.

_김종원, 인문 교육 전문가·《어른의 품격을 채우는 100일 필사 노트》 저자

내향인, 외향인과 상관없이 오늘날 우리는 '외로움'을 겪고 있다. 이 책은 소통의 방식이 다양해진 현대 사회에서 겪는 복잡한 인간관계의 문제들을 심리학적·철학적 통찰로 풀어내고 있다. 저자는 풍부한 사례와 연구 결과를 바탕으로 '나다움'을 이해하는 방법부터 타인의 '남다름'에 대한 관용까지 현명한 관계의 태도를 이야기한다. 특히 일상에서 바로 적용할 수 있는 구체적인 소통법과 관계 개선 방향을 제시하며, 보다 건강하게 관계 맺는 '어른의 우정'에 대한 명확한 지

침을 준다. SNS 시대에 진정한 연결을 갈망하는 현대인이라면 반드시 읽어야 할 책이다.

진료실에서 환자들에게 '사람은 다 별로'라는 말을 자주 전한다. 타인에게만 국한되는 이야기가 아니다. 나 역시 별로다. 이른바 내로남불로 대표되는 이중성은 인간의 본성이기도 하다. 그렇기에 어떠한 인간관계도 완벽할 수 없는 것이 당연한데, 사람에게 계속 실망하고 상처받는다면 아직 어른스러운 관계의 기술을 모르는 것일 수 있다. 저자가 관계의 타고난 천재인 것은 아니다. 하지만 천부적인 재능을 지닌 운동선수들이 오히려 좋은 코치는 되기 힘들다는 속설이 있듯, 대인관계의 어려움으로 오랜 기간 고민하고 공부해온 저자의 내공은 훌륭한 관계 코칭 서적을 완성했다. 충분히 좋은 사람들과 성숙하게 관계 맺기 위한 단서들이 이 책에 정리되어 있다.

경계를 허물수록 선명해지는
관계의 역설에 대하여

"우리는 해와 달, 바다와 육지처럼 떨어져 있고, 상대방의 세계로 넘어가는 것이 아니라 서로를 인식하는 것을 목표로 한다. 상대방을 있는 그대로 지켜보고 존중할 때, 서로가 대립하면서도 보완하는 관계가 성립된다."

- 헤르만 헤세

우주는 가장 가능성이 높은 상태를 향해 흐릅니다. '엔트로피 증가의 법칙'이라고도 불리는 열역학 제2법칙에 따르면, 고립계 *Isolated System*에서 엔트로피는 시간이 흐를수록 결코 감소하지 않는 방향으로 나아갑니다. 이를 쉽게 표현하자면, 우주는 언제나 무질서를 향합니다. 물컵에 떨어뜨린 한 방울의 검은 잉크가 물 전체로 퍼져나갈 수는 있어도, 퍼진 잉크가 다시 한 방울로 되돌아가는 일은 없죠.

흥미롭게도 인간의 마음은 엔트로피 법칙에 저항이라도 하듯이, 혼돈과 무질서 속에서도 끊임없이 질서와 의미를 찾고자 합니다. 그 과정에서 우리는 세상을 마주할 때 무의식적으로 '좋음'

과 '나쁨'이라는 이분법적 틀로 나누어 단순화하려는 경향을 보이기도 합니다. 특히 어린 시절에는 이러한 이분법적 사고가 두드러지는데요. 불확실한 상황이나 복잡한 맥락을 견딜 만큼 내면이 단단하지 않은 어린 자아는, 단순한 결론을 서둘러 내려야만 안정감을 느낄 수 있기 때문입니다.

시간이 흘러 우리는 자기 자신과 타인 모두가 좋은 면과 나쁜 면을 고루 지닌 복합적인 존재라는 사실을 받아들이며 점차 성숙해집니다. 하지만 나이를 먹어서도 이분법적 사고가 고착되어 대인관계에서 갈등이 잦거나 삶의 질이 낮아지는 경우가 있는데요. '인생은 성공 아니면 실패로 나뉜다', '세상에는 좋은 것 아니면 나쁜 것뿐이며 중간은 없다'는 식의 이분법적 사고를 아론 벡의 인지행동치료 이론CBT에서는 전형적인 인지 왜곡으로 봅니다.

한편 정신분석학적 관점에서는 이와 유사한 양상을 '분열splitting'이라는 방어기제로 설명합니다. 자신의 내적 욕구나 타인의 상반된 이미지를 통합하여 바라보지 못하고, 이상적인 면과 혐오스러운 면으로 극명하게 나누어 인식하는 방어기제인데요. 이와 같이 인간관계에서 이상화와 평가절하의 극단을 오가는 불안정성을 경계성 성격장애BPD의 주요 특징으로 보기도 합니다.

그런데 우리가 조심해야 할 함정이 숨어 있습니다. 역설적이게도, '이분법적 사고는 무조건 나쁘고, 비非이분법적 사고는 언제나 옳다'고 단정 짓는 것도 교묘한 형태의 흑백사고일 수 있다는 것입니다. '0 아니면 1이다'라는 식의 사고방식이 특정 맥락에서는 유용하거나 불가피할 수 있음을 이해해야 합니다. 성숙하고 유연한 태도란, 이분법적 사고의 제한적인 쓸모마저 인지하고 포용할 수 있는 겸허한 성찰에서 비롯되는 게 아닐까 싶습니다.

삶의 진실은 생각보다 다채롭고 그것은 지혜롭게 표현되기를 기다린다

미국의 인본주의 심리학자 에이브러햄 매슬로는 인간은 더 높은 수준으로 성숙해질수록 수많은 이분법과 양극화를 하나로 융합하거나 초월할 수 있다고 주장합니다. 매슬로가 정의하는 '성숙한 사람'이란, 결핍 동기를 안정적으로 충족하여 성장 동기로 살아가는 '자기실현하는 사람'을 의미하는데요. 그의 이론에 따르면, 이들은 결핍 동기의 흐릿한 렌즈를 벗어던진 덕분에 존재*being* 전체를 더욱 또렷이 바라봅니다. 자기실현하는 성숙한 사람들은 이분법적 판단을 줄여나가고, 서로 반대되는 것들도 화해시키며, 이분법적 사고방식을 미성숙한 태도로 여긴다고 매슬로는 말합니다. 이런 의미에서 성숙함이란, 어떤 대상의 다면성과 불확실성을 받아들이고 균형을 잡아가는 지속적인 성장 과정이라고 할 수 있습니다. 매슬로는 성숙한 사람일수록 이분법적 사고에 매몰되지 않고 '진실'을 더 또렷하게 볼 수 있다고 보았습니다.

그런데 진실을 꿰뚫어보는 눈이 있다고 해서, 반드시 타인에게 진실을 성숙하게 전달할 수 있는 건 아닙니다. '진실을 어떻게 잘 전달할까'에 대한 고민이 필요한 이유입니다. 한 가지 사례를 들어볼게요. '메라비언의 법칙'은 인간관계나 스피치 관련 자기계발서에 흔히 인용되는 법칙인데요. "의사소통을 할 때 한 사람의 이미지를 결정하는 데 있어서 언어적 요소는 단 7%에 불과하며, 나머지 93%(청각: 38%, 시각: 55%)는 비언어적 요소가 영향을 끼친다"라는 식으로 소개됩니다. 그런데 이는 메라비언 연구의 본래 의도와 다르게 확대 해석된 면이 있습니다.

사실 메라비언의 연구는 화자의 언어(말)와 비언어(표정과 말투)가 서로 모순될 때, 수신자가 어떤 단서를 더 신뢰하는지에 관한 것입니다. 예를 들어 화난 표정과 차가운 목소리로 "나는 당신이 좋아요"라고 말한다면, 대다수 사람들은 상대의 비언어적 요소를 통해 싫어하는 감정으로 받아들인다는 뜻입니다. 따라서 이 법칙을 모든 의사소통에 있어 비언어적 요소가 절대적인 영향력을 끼친다고 해석하는 것은 심각한 비약이고 오류입니다. 1967년에 이 법칙을 발표한 앨버트 메라비언은 자신의 연구 결과가 전달자가 자신의 감정이나 태도(호감/비호감)를 전달하는 특정 상황에서만 유효하다고 강조하며, '7-38-55 법칙'을 모든 의사소통에 적용될 수 없다고 분명하게 못 박았습니다.

하지만 반세기가 훌쩍 넘은 현재까지도 스피치나 자기계발 분야를 비롯한 다양한 전문가들의 강연이나 저서에서 메라비언의 법칙이 원래 연구의 맥락과 다르게 잘못 인용되는 사례를 종종 볼 수 있습니다. 만약 과거의 저였다면, 해석의 옳고 그름을 지적하는 데 그치거나, 오해를 지속적으로 퍼뜨리는 사람들과의 소통을 포기했을지도 모릅니다. 그러나 이런 태도 역시 일종의 흑백사고일 수 있다는 것을 깨닫게 된 지금의 저는, 상대의 자존심이 다치지 않도록 마음을 헤아리면서도 '진실'을 지혜롭게 전달할 방법을 고민합니다. 어떻게 하면 상대가 마음을 열고 진실을 받아들일 수 있을지 숙고하게 된 것입니다.

적도 편도 만들지 않으려 할 때, 진정한 내 편이 생긴다

인간관계에 관한 책을 쓴 저자라고 하면, 매일 사람들을 만나며 에너지를 얻는 사교적이고 외향적인 사람을 으레 떠올릴지도 모르겠습니다만, 고백하건대 이 책의 저자인 저는 내향적이고 조용한 사람입니다. 어릴 때는 타고난 기질 때문에 내적 갈등도 겪었고 낯선 사람을 대할 때마다 느끼는 어색함을 없애고 싶기도 했습니다. 그러나 내향적인 기질 또한 저의 고유한 강점이 될 수 있음을 깨닫고는 스스로를 있는 그대로 받아들일 수 있게 되었습니다.

흥미로운 사실은, 애써 저를 바꾸려 하지 않고 그저 '자기답게' 존재할 때도 편안한 인간관계를 유지할 수 있었다는 것입니다. 언젠가 한 지인은 저에게 이런 말을 했습니다. 그분이 저를 좋아하고 편안하게 느끼는 이유는 아이러니하게도 "어색하지 않은 척하지 않고 있는 그대로 보여주는 진솔함이 좋아서"라고 했죠. 그때 다시금 깨달았습니다. 타인의 호감을 얻기 위해 억지로 애쓰기보다 자기다움을 선명하게 유지할 때 진실하게 연결될 수 있다는 것을요.

우리는 좋은 관계를 형성하기 위해 남들의 호감을 얻고 인정받는 기술을 습득해야 한다고 교육받아왔습니다. 그런 통념도 타당한 면이 있겠지만, 삶의 진리는 때로 역설적입니다. 많은 사람을 내 편으로 만들려고 너무 애쓰지 않을 때, 오히려 더 신뢰를 얻고 좋은 관계를 형성할 수도 있는 것입니다. '자기다움'과 '중용'을 지킬 줄 아는 사람은 현실의 다양한 스펙트럼을 수용할 수 있는 건강한 자기신뢰와 주체성을 지니고 있습니다. 그 덕분에 단순히 적과 편으로 나누는 양극화된 사고를 초월하여 균형 잡힌 관계를 만들어갈 수 있는 것이죠.

풍부한 가능성을 품은
'초심자의 마음'으로 돌아가다

우리는 인생에 관한 경험과 지식을 저마다의 길을 걸어가며 쌓아가고 있습니다. 그런 의미에서 누구나 '자기 삶의 전문가'라고 주장할 수 있죠. 하지만 때로는 그 경험과 지식이 도리어 타인과 자기 자신을 바라보는 가능성을 제한시킬 때가 있습니다. 일본 선종 승려인 스즈키 순류는 "초심자의 마음에는 많은 가능성이 있지만 전문가의 마음에는 가능성이 제한되어 있다"고 말했습니다. 이는 초심자의 열린 마음을 유지하는 태도가 중요하다는 메시지를 담고 있습니다. 우리는 전문가가 될수록 자신의 경험과 지식에만 지나치게 의존하게 되는 경향이 있죠. 그 결과, 새로운 관점을 받아들이지 못하고 자신의 모순과 오류를 바로잡는 것조차 쉽지 않게 됩니다. 반면 초심자는 고정관념이나 선입견이 적기 때문에 훨씬 더 유연한 사고가 가능합니다.

이 책을 읽으실 때는 '관계의 초심자'가 되어보시길 권합니다. 여기서 초심자란, 무지한 사람이 아니라 겸손한 호기심과 풍부한 가능성을 품은 '유연한 사람'을 의미합니다. 차*에 깊은 조예가 있는 사람이라도 차를 마실 때는 그 순간의 맛과 향, 느낌을 처음 음미하듯, 우리 역시 익숙한 관계일지라도 새롭게 바라보는 맑은 눈과 유연한 마음이 필요합니다.

《어른은 적도 편도 만들지 않는다》는 제목의 의미를 '모든 관계에서 냉정하게 거리를 두거나, 깊은 인간관계를 형성하지 말라'는 뜻으로 오해하지 않길 바랍니다. 오히려 자신과 타인의 마음을 동일시하지 않고 서로의 뜻을 깊이 헤아리고 존중하며, 관계에서 상처받거나 외로워지지 않으면서 진정으로 '연결'되고자 하는 뜻을 담고 있습니다. 이는 타인과의 연결인 동시에 자기 자신과의 연결이기도 합니다. 저와 함께 그간의 고정관념은 잠시 내려놓고, 다채로운 가능성을 품은 초심자의 열린 마음으로 돌아가볼까요? 이 여정에서 우린 각자의 방식으로 '진정한 내 편'을 만나게 될지도 모릅니다.

장서우

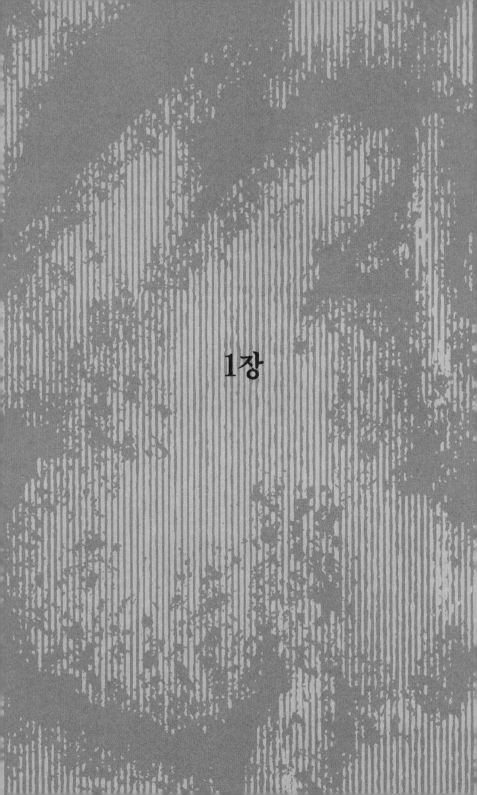

1장

나의 내면을 관찰하고
관계 패턴을 이해하는 시간

낯가림 없고 사회성도 좋은데
친한 친구가 없는 이유

1980년대 후반부터 1990년대 초반까지 한국 가요계를 주름잡았던 한 여성 댄스 가수가 최근 오은영 박사의 상담 프로그램에 출연해 화제를 모았습니다. 어느덧 지천명知天命의 나이에 이른 그녀가 털어놓은 고민은 뜻밖에도 인간관계의 어려움과 진정한 친구의 부재였습니다. 흔히 대인관계에 어려움을 겪는 이들과 달리 그녀는 낯가림이 전혀 없다고 했는데요. 최근 들어 이와 비슷한 고백을 하는 사례가 많아진 듯합니다. 겉으로는 활발하게 사교 모임을 즐기고 다양한 인맥을 쌓아가지만, 정작 가슴 깊은 속내를 터놓을 수 있는 친구는 찾지 못하는 거죠. 《명심보감》〈교우〉편에는 이런 마음을 헤아리는 문장이 있습니다.

서로 알고 지내는 사람은 천하에 가득하지만, 마음을 아는 친구는 몇이나 되는가.

相識滿天下 知心能幾人 (상식만천하 지심능기인)

이처럼 겉으로는 많은 사람과 교류하면서도 진정한 마음을 나눌 수 있는 친구를 찾기 어려워하는 사람들의 고민은 어제오늘의 일이 아닙니다.

그런데 이런 인간관계의 본질적 고민에 대해 철학자 쇼펜하우어는 한 걸음 더 나아가 사교성 자체에 의문을 제기합니다. 오랫동안 무명이었던 쇼펜하우어는 말년에 출간해 큰 성공을 거둔 에세이 《쇼펜하우어의 행복론과 인생론》(홍성광 옮김, 을유문화사, 2023)에서 이렇게 말합니다.

극심한 추위가 닥치면 사람들이 서로 모여들어 몸을 따뜻하게 하는 것처럼, 사교성이란 사람들이 서로의 정신을 따뜻하게 하는 것이라고 볼 수도 있다. 하지만 스스로 정신적 온기를 충분히 지닌 사람은 굳이 무리를 지어 모일 필요가 없다. 어떤 사람의 사교성은 그의 지적인 가치에 대체로 반비례한다. 그리고 '그는 매우 비사교적이다'라는 말은 '그는 위대한 특성을 지닌 사람이다'와 거의 같은 말이다.

쇼펜하우어는 사교성을 비판적으로 바라보면서도 '고독'의 가치를 강조합니다.

뛰어난 정신력을 지닌 사람은 심지어 고독을 선택할 것이다. 원래 지닌 것이 많을수록 외부로부터 필요한 것이 더 적어지고, 다른 사람이 덜 필요한 것이다. 그래서 뛰어난 정신의 소유자는 비사교적인 인간이 된다.

더불어 고립과 고독에의 경향을 기르는 것을 두고 귀족적 감정이라고도 말합니다.

우리나라에서 쇼펜하우어의 이름을 달고 출간되는 책이 대부분 베스트셀러에 오르는 현상을 보면, 그의 메시지에서 위안을 얻는 사람들이 많은 것 같습니다. 친한 친구가 없는 것은 어떤 결핍이 있어서가 아니라 오히려 지나치게 똑똑해서일지도 모른다고, 19세기의 위대한 철학자가 대변해주는 듯하니까요.

사회성은 좋은데 친한 친구가 없는 사람들

우리는 보통 사회성이 좋으면 당연히 친구가 많고, 사회성이 부족하면 없을 거라고 추측합니다. 하지만 꼭 그렇지만도 않습니다. 사교적인 성격을 가졌음에도 막역한 친구는 거의 없는 사람도 많습니다. 프랜시스 스콧 피츠제럴드의《위대한 개츠비》의 제이 개츠비가 바로 그런 유형의 인물입니다.

개츠비는 수백 명의 손님을 초대해 호화로운 파티를 열고, 뉴욕 사회의 모든 사람을 아는 것처럼 보입니다. 하지만 진정으로 가까운 친구는 없었습니다. 소설의 화자인 닉 캐러웨이가 그나마 개츠비의 유일한 친구라고 볼 수도 있지만, 개츠비는 부와 지위를 과시하는 동시에 옛 연인 데이지와의 재결합이라는 목표를 이루기 위해 피상적인 관계를 유지할 뿐이었습니다. 개츠비가 죽었을 때, 그의 장례식에 참석한 사람이 거의 없었다는 점에서 개츠비가 맺어온 인간관계의 피상성이 상징적으로 드러납니다.

사회성이 좋은 편인데도 친한 친구가 없는 현상의 이면에는 다양한 원인이 자리 잡고 있습니다. 심리학자 존 볼비의 애착 이론에서 말하는 '회피형 애착'은 주로 어린 시절의 부정적 경험이나 상처 때문에 발생합니다. 이런 유형의 사람들은 타인에게 의존하지 않은 채 모든 것을 혼자 독립적으로 해결하려는 경향이 강합니다. 자신의 감정을 잘 드러내지 않으며, 누군가와 친밀한 관계를 맺기 어려워합니다. 대인관계에서 혼자 성급하게 판단하고 이른바 손절도 잘하는 편입니다. 회피형 애착이 부적응적 완벽주의와 맞물릴 경우, 타인의 사소한 결함을 과도하게 해석하는 탓에 부정적 결론에 빠질 위험이 커집니다. 이런 사람들은 친구에 대한 높은 기준을 갖는 동시에, 자신의 부족한 부분을 드러내는 걸 극도로 꺼리는 탓에 다른 친구들과의 관계에서도 잘 꾸며진 모습만 보여주려는 경향이 있습니다. 결국, 깊은 유대를 맺지 못하고 피상적인 관계에 머무르기 쉽습니다.

건강하지 않은 애착과 낮은 자존감, 완벽주의 성향 같은 내적 요인과 과도한 개인주의 및 경쟁이 만연한 사회 분위기 같은 외적 요인이 복합적으로 얽혀 친밀한 관계 형성을 가로막는 것으로 보입니다. 생존을 위해 끊임없이 서로 경쟁하는 현대 사회에서는 사심 없이 진심을 나누는 관계가 아닌, 서로의 '쓸모'에만 중시하는 도구적 관계에 집착할 가능성이 있습니다. 각자도생이 미덕처럼 여겨지는 세상에서는 주변 사람들을 경쟁자 내지는 잠재적인 적으로 여기기도 합니다. 이 같은 사회적 분위기 속에서 진정한 우정을 쌓기란 녹록지 않을 겁니다. 물론 이런 흐름 속에서도 타인과 따뜻한 정을 나누고 싶은 마음 자체가 사라진 것은 아닙니다. 개인주의가 팽배한 시대를 살아가더라도 타인과 소통하고 유대감을 쌓고자 하는 인간의 사회적 본성은 그대로 남아있으니까요.

중요한 건 사회적 욕구를 외면하지 않고, 건강한 관계를 맺으려는 태도입니다. 때로는 상처받을 각오도 필요합니다. 막연한 두려움에 사로잡혀 관계를 회피하기보다는 타인과 나 자신을 있는 그대로 수용하며 서서히 관계의 폭을 넓혀가는 연습이 필요합니다. 먼저 일상에서 만나는 사람들과 인사를 나누는 것부터 해 보세요.

평소 관심 있던 취미 활동 등에 참여하는 것도 좋습니다. 저는 독서 모임에 열중했던 적이 있습니다. 독서 모임뿐 아니라 쿠킹 클래스, 스포츠 동호회 등 좋아하는 일을 함께하다 보면 자연스럽게 대화가 이어지고 유대감이 싹틉니다. 때로는 먼저 다가가 손을 내미는 용기도 필요합니다.

인간관계에 늦은 때는 없다고 합니다. 마음을 열어둔다면, 인생의 어느 자리에서든 친구는 찾아옵니다. 처음에는 어색할 수 있지만 용기 내 시도하다 보면 어느새 따뜻한 인연으로 가득한 일상을 마주하게 될 겁니다.

어른이 되어도
여전히 어려운 인간관계

어렸을 때는 빨리 커서 어른이 되고 싶었습니다. 어른으로 살아간다는 게 어떤 의미인지도 모르면서 그저 막연한 동경의 눈빛으로 어른의 세계를 바라보았던 것 같습니다.

이제 사회적으로 보면 '어른'이 된 지 오래되었습니다. 하지만 가끔 사춘기 소년처럼 감정에 사로잡힐 때마다 제 안에는 여전히 10대 소년의 영혼이 자리하고 있다는 기분이 들곤 합니다. 무한히 접근하지만, 절대로 만나지 않는 점근선처럼 어쩌면 죽을 때까지 어른이 되어가는 것이 어른의 삶인지도 모르겠습니다.

어른이 되어간다는 것은 단순히 나이를 먹는 것 이상의 의미를 갖습니다. 성숙한 어른의 삶은 다양한 사람과 관계를 맺고, 그

관계 속에서 타인을 이해하고 존중하는 방법을 배우는 여정이기도 합니다. 이 과정에서 우리는 인간관계의 깊은 복잡성을 마주하게 되고, 타인의 내면을 읽고 이해하는 것이 얼마나 중요한지 깨닫습니다.

호모 사피엔스는 영장류 중에서 가장 긴 아동기(아동과 청소년을 포함하는 넓은 의미)를 보내는 종입니다. 복잡한 사회적 환경에서 다른 사람들과 원만한 관계를 맺으며 살아가려면 상당히 높은 수준의 인지 능력과 언어 능력이 필요한데, 그런 능력이 충분히 성숙하기까지는 거의 20년 가까이 걸립니다.

그렇게 오랜 시간 사회화를 거쳤음에도 우리는 나이를 먹어서도 종종 인간관계에 어려움을 느낍니다. 알프레드 아들러가 말했듯이, 우리가 하는 고민은 대부분 인간관계와 닿아 있습니다. 살아 숨 쉬는 한 인간관계에 대한 고민이 완전히 끝나는 일은 없을지도 모르겠습니다.

타인의 마음을 읽기 어려운 이유

많은 학자가 지지하는 '사회적 뇌 가설social brain hypothesis'에 따르면, 인간의 진화 과정에서 뇌가 지금처럼 커진 원인은 무리에 있는 다른 구성원들과 복잡한 사회관계를 형성하는 문제를 잘 다루기 위해서였습니다. 우리 조상들은 생존과 번식에 성공하기 위해서 타인과 관계를 잘 맺어야 했는데요. 이때 중요한 게 타인의 마음을 읽는 능력인 '마음 이론*Theory of Mind*'입니다. 마음 이론은 누구나 가지고 있지만 사람마다 능력의 편차가 있습니다.

우리의 인간관계가 뜻대로 되지 않는 첫 번째 이유가 여기에 있습니다. 바로 상대의 마음을 제대로 헤아리지 못하기 때문입니다. 어른이라면 누구나 마음 이론을 가지고 있지만, 처세술과 인간 심리에 능통하다고 자부하는 노련한 사람에게도 누군가의 마음을 헤아리는 건 쉽지 않은 일입니다. 이런 주제로 책을 쓰고 있는 저도 예외는 아닙니다. 타인의 마음을 제대로 읽는 건 저도 어려울 때가 많습니다.

마음 이론은 인간의 창이자 방패입니다. 마음 이론이 발달한 덕분에 우리는 타인의 감정이나 생각을 읽고 헤아릴 수 있게 되었습니다. 그런데 흥미롭게도 우리가 거짓말을 할 수 있게 된 것도 마음 이론 덕분입니다. 거짓말을 해서 누군가에게 영향을 끼치려면 우선 상대방의 내면세계를 이해해야 합니다. 내가 이런 말과 행동을 하면 상대는 나를 믿을 것이라는 믿음이 있어야만, 거짓 정보를 일부러 흘려서 상대를 속일 수 있습니다.

마음 이론을 지닌 영민한 인간이 상대의 마음을 잘 헤아리지 못하는 이유는, 마음속 생각을 있는 그대로 말과 행동으로 옮기기 어렵기 때문입니다. 사람들은 흔히 겉과 속이 일치할 것이라고 가정하는 경향이 있지만, 실제로 인간의 겉과 속은 어떤 식으로든 일치하지 않을 때가 많습니다. 상대와의 관계를 지키려고 선의의 거짓말을 하기도 하고, 다른 사람들이 나의 내밀한 진실을 존중해줄 거라는 믿음이 부족해서 생각과 감정을 감출 때도 있습니다. 또한 자기 자신조차도 무의식 속의 본심이 무엇인지 깨닫지 못해서 본의 아니게 사실과 다른 말을 할 때도 있죠.

　물론 언제나 진실을 말하면서 살아가는 것은 현실적으로 불가능하며, 바람직한 결과를 낳지도 않습니다. 상대와의 관계를 지키거나, 자신을 보호하기 위해 우리는 종종 타인은 물론 자기 자신에게도 거짓말을 할 때가 있으니까요. 버트런드 러셀도 《행복의 정복》에서 세상에는 지나치게 많은 거짓말이 판치고 있어서 세상의 진실성을 확대하기 위해 더욱 정직해져야 한다는 것을 부정하지 않지만, 때에 따라서는 거짓말이 용납될 수도 있다고 했습니다. 이처럼 진실과 거짓이 미묘하게 뒤섞인 커뮤니케이션 속에서 상대의 속마음을 정확히 헤아리기란 상당히 어려운 일입니다.

가까운 사이일수록 서로의 마음을 모른다

인간관계가 내 뜻대로 흘러가지 않는 두 번째 이유는, 우리가 상대방의 마음을 잘 안다고 지나치게 자신하는 경향이 있기 때문입니다. 사람들은 자기가 타인의 마음을 잘 읽어내는 편이라고 믿는 경우가 많습니다. 하지만 텍사스대학교 심리학 교수인 윌리엄 이크스의 연구 결과에 따르면, 우리가 상대방의 마음을 정확히 읽어내는 공감 정확도*empathic accuracy*는 20~30%에 불과합니다. 대상이 가족이나 친한 친구여도 그렇습니다. 더욱 놀라운 사실은 결혼한 지 오래된 부부일수록 상대방의 마음을 잘못 읽을 가능성이 높다고 합니다. 왜 이런 결과가 나오는 걸까요?

우리는 상대에 대해 잘 모른다는 사실을 인정할 때 긍정적인 호기심을 갖고 직접 질문합니다. 하지만 상대방의 마음을 다 안다고 확신할 때, 자신의 느낌과 생각을 절대적 진실처럼 여깁니다. 특히 부부나 연인처럼 가까운 관계일수록 그런 과신이 만연하는 경향이 있습니다. 상대의 관점에서 바라보지 못하고 자기중심적인 관점으로 타인의 마음을 오독하니 오해가 생길 수밖에 없습니다.

하지만 아무리 가까운 사이라고 해도 상대방의 마음과 내 마음이 다를 수 있고, 같은 표현이나 단어라도 서로 다른 의미로 받아들일 때가 있습니다. 다양한 관점과 해석이 공존하는 상황에서 상대가 한 말의 진의를 물어보지 않고, 혼자 성급하게 결론을 내리거나 상대의 행동만 보고 속단하는 태도는 오해와 갈등의 씨앗이 되기도 합니다.

내 마음의 장벽을 찾아서

인간관계가 내 마음대로 되지 않는 세 번째 이유는 따뜻한 관계를 가로막는 '내 안의 장벽'이 존재하기 때문입니다. 우리 눈에 잘 보이지 않는 이 장벽은 트라우마, 상처, 그림자, 방어기제, 콤플렉스, 열등감 등 다양한 이름을 붙일 수 있는데, 타인과의 관계뿐 아니라 나 자신과의 관계에도 좋지 않은 영향을 줍니다. 자기 자신과의 관계가 원만해야 다른 누군가의 다정한 친구가 될 수 있는데 말이죠. 그러므로 내 안에 존재하는 장벽부터 알아차려야 합니다.

장벽의 크기나 형태는 사람마다 다릅니다. 설령 그 장벽을 완전히 허물 수 없다 하더라도, 최소한 안전하게 소통할 수 있는 통로는 만들 수 있습니다. 전문적인 상담 치료를 받거나, 글쓰기와 독서를 통해 자신에 대한 이해와 수용을 깊이 있게 해나가는 과정이 도움이 될 것입니다. 저 또한 오랜 시간 동안 인간관계에 영향을 미쳤던 내면의 장벽이 있었다는 것을 뒤늦게 깨닫게 되었는데요. 지금부터 그 이야기를 해보려고 합니다.

따뜻한 관계를 가로막는
내면의 장벽 발견하기

저는 요즘 유행하는 MBTI에서 'E'가 단 한 번도 나오지 않은 내 향성이 강한 사람입니다. 사실 사람은 누구나 외향성과 내향성이 혼재된 성격 특성이 있어서, 완벽히 분절된 개념이 아닌 연속적인 스펙트럼으로 봐야 합니다. '내향성 *Introversion*'과 '내성적 *Shyness*'을 구별하는 관점도 있습니다. 이에 따르면, 내향성과 수줍음 또는 소심함은 동의어가 아닙니다. 외향적이지만 내성적인 사람도 있고, 내향적이지만 비내성적인 사람도 존재할 수 있습니다.

미국의 조직심리학자 애덤 그랜트는 내향인을 판단하는 기준 은 에너지 충전 방식이 아닌 자극을 다루는 방법에 있다고 말하 며, 내향인은 사회성이 부족한 사람이 아니라 그저 고요함을 즐기는 사람이라고 강조합니다. 내향성은 조용하고 속마음을 잘 드러내지 않는 성향으로, 내향인은 에너지를 소모시키는 부담스러운 관계를 피할 뿐이라는 것입니다.

심리학자 한스 아이젱크의 연구에 따르면, 내향성과 외향성은 각성 수준이 서로 다릅니다. 내향성은 외부 자극에 대한 기본 각성 수준이 높아서 상대적으로 낮은 자극이더라도 쉽게 과부하가 걸릴 수 있습니다. 이와 관련하여 수전 케인도《콰이어트》에서 내향인과 외향인은 일상에서 제대로 기능하기 위해 필요한 자극의 정도가 다르다고 설명합니다. 외향인들이 매주 다양한 모임에 참여해서 새로운 사람들을 만나는 수준의 강한 자극을 원한다면, 내향인들은 그보다 훨씬 적은 자극, 예컨대 소수의 친한 친구들과 커피나 와인을 마시거나 혼자 책을 읽고 음악을 듣는 정도가 '딱 알맞다'고 느낀다는 겁니다.

관계를 가로막는 장벽의 정체

선과 악, 도덕적 가치에서 쉽게 건드리면 안 되는, 자신만의 역린을 가진 사람들이 있습니다. 어떤 사람은 '자랑'을 유난히 싫어하고, 어떤 사람은 '거짓말'에 민감하며, 또 다른 사람은 '내로남불'에 유독 날카롭게 반응합니다. 저는 '위선'에 반응하는 편이었습니다. 책과 강연, 또는 카메라 앞에서는 선한 척, 성인군자 같은 이미지를 연출하면서 뒤에서는 전혀 다른 얼굴을 하는 소위 사회 지도층의 이중성을 목격할 때마다 인간 자체가 싫어질 정도로 역한 감정을 느꼈습니다. 추악한 위선으로 얼룩진 세상에 상처받아 위선자들이 판치는 학교를 떠나지만, 어딜 가든 항상 위선자를 목격하게 되는 《호밀밭의 파수꾼》의 주인공 홀든 콜필드의 심정이었다고 할까요.

소설 속 홀든은 청소년이지만, 현실의 저는 어른이기에 홀든과 달리 내면에서 꿈틀거리는 모순을 자각할 수 있었습니다. 누군가의 위선을 목격할 때마다 예민하게 반응했지만, 사실 제 안의 위선에도 관대할 수 없었던 건 아닐까요? 어쩌면 선후관계가 뒤바뀐 것인지도 모르겠습니다. 칼 융의 제자였던 요제프 랑*J. B. Lang*에게 정신분석 치료를 받았으며, 융에게도 심리 치료를 받았던 헤르만 헤세는 《데미안》에서 교회 오르간 연주자인 피스토리우스의 목소리를 빌려 이런 말을 합니다. 우리가 어떤 사람을 미워한다면 그건 바로 우리 자신 속의 무엇인가를 그에게서 발견하고 미워하는 것이다, 자기 자신에게 있지 않은 것은 자신을 자극하지 않는다고요. 이는 심리학에서 말하는 '투사'라는 개념입니다. 저는 어쩌면 자신의 내로남불과 위선이 싫어서 타인의 위선 또한 꼴 보기 싫어했던 게 아니었을까요?

우리는 흔히 식당 종업원이나 약자에게 하는 모습을 보면 그 사람의 인성을 알 수 있다고 말합니다. 하지만 저는 사회적 지위와 평판에 목숨을 거는 사람들은 외부에서의 모습도 완벽하게 연출할 수 있다는 걸 목격한 적이 있습니다. 이들은 대중 앞에서는 약자를 존중해야 한다고 온화한 표정을 지으며 말하면서도, 정작 목격자가 없는 일대일 상황에서는 자기보다 지위가 낮은 사람을 교묘하게 무시하며 우월감을 만끽합니다. 그러면서도 스스로를 '선한 존재'라고 믿습니다. 심지어 다른 사람은 속여도 자기 자신을 속이지 말자는 말까지 합니다. 위선적인 자기기만을 합리화하기 위해 '이중으로 자기기만'을 하는 전략입니다.

미국의 행동경제학자 댄 애리얼리에 따르면, 인간은 거울에 비친 자기 모습을 편안한 마음으로 바라보고 싶어 하는 동시에 타인을 속여서 가능한 한 커다란 이득을 얻고자 합니다. 이런 '인지적 유연성*cognitive flexibility*' 덕분에 사람들이 사소한 부정행위를 저지르고, 다른 사람을 속이는 동시에 스스로를 좋은 사람이라고 여길 수 있다고 설명합니다.

이미지 메이킹을 잘하는 것이 똑똑한 처세로 여겨지는 현시대의 흐름과는 맞지 않을지도 모르지만, 저는 진심으로 좋아하고 존경할 수 있는 사람을 찾고 싶었습니다. 군이 '솔직하다'는 수식어로 자신을 포장할 이유조차 없는 사람, 위선도 선이라고 고집부리지 않고 위선의 기만성을 인정할 수 있는 사람, 평판 관리를 위해 촬영용 카메라나 목격자가 있을 때만 예쁜 말을 하면서 좋은 사람인 척하는 게 아니라, 지켜보는 사람이 없는 곳에서도 선할 수 있는 사람을 만나고 싶었습니다. 물론 저 자신부터 그런 사람으로 살아가고자 했습니다.

만나는 사람마다 내가 모르는 전투를 치르고 있을 테니까

결국 따뜻한 관계를 가로막았던 제 안의 장벽은 위선에 대한 예민함이었다고 생각합니다. 그 밖에도 인간에 대한 지나친 이상과 기대, 관계의 역학에서 유연하지 못한 처세도 한몫했을 겁니다. 부조리한 세상에서 내가 할 수 있는 게 없다는 무력감을 느꼈고, 사람들에 대한 실망감이 쌓여 점점 회피적인 성격으로 변했던 게 아닐지 짐작해봅니다. 되돌아보면, 제가 갖고 있었던 선에 대한 기준과 인간에 대한 이상이 너무 높았던 게 아닌가 싶습니다. 제 속의 이런 입체적인 마음을 알아차린 후에야 비로소 위선이라 여긴 것을 수용할 수 있게 되었습니다.

미국의 사회심리학자 조너선 하이트는 《바른 마음》에서 위대한 현인들을 통해 전해지던 중요한 메시지를 말한 바 있습니다. 우리 인간은 모두 독선적 위선자라는 사실을 깨달아야 한다는 것인데요. 20년 이상 사회적 오해의 역학 관계와 신뢰에 관한 연구를 한 조직행동학자 피터 H. 킴 역시 《신뢰의 과학》에서 위선은 생각보다 흔하고 자신의 일관성을 자부하는 사람들조차도 비슷한 태도를 보인다고 말합니다. 진화생물학 분야에서 혁신적인 이론들을 선보인 로버트 트리버스도 유사한 결론을 내립니다. 그는 자기기만의 본질과 역할을 다각도로 분석하여 집대성한 《우리는 왜 자신을 속이도록 진화했을까》에서 도덕적 위선은 우리 본성의 내밀한 한 부분이라고 했습니다. 그리고 사람들은 똑같은 도덕적 침해 행위로 자신을 심판할 때보다 남을 심판할 때 더 혹독한 경향이 있다고 합니다.

예를 들면 이런 거죠. 우리는 흔히 타인을 판단하지 말라고 말합니다. 그러면서도 정작 타인을 판단하는 사람을 보면 '인색하고 나쁜 사람'이라고 함부로 낙인찍곤 하죠. 만약 우리가 진심으로 관용을 추구한다면, '타인을 판단하는 사람'에게도 판단하지 않는 태도를 견지해야 하지만, 우리 안의 자기기만적인 위선은 그걸 허용하기는 어려운 듯합니다.

저는 '내가 하면 로맨스고, 남이 하면 불륜'으로 여기는 이중성이 인간의 본성일 수 있음을 인정하고 받아들이기로 했습니다. 위선을 합리화하겠다는 게 아니라 사람은 누구나 자기모순을 가질 수 있는 존재이기에 때로 그럴 수도 있다고 인정하기로 한 겁니다. 덕분에 사람을 바라볼 때 좀 더 관대해졌습니다. 물론 누군가의 적나라한 위선을 목도할 때는 여전히 마음이 불편합니다.

하지만 저 사람도 분명 내가 모르는 전투를 치르고 있음을, 그의 내면에서 어떤 투쟁이 벌어지고 있음을 이해하고 연민의 시선으로 바라보려고 합니다. 아울러 인간의 위선에 힘들어했던 저 자신에게도 따뜻한 자비의 마음을 품으려 합니다.

인간의 위선과 교묘한 기만을 날카롭게 인식하는 성향이 언제나 저를 괴롭히기만 한 건 아닙니다. 이런 예민함은 글을 쓰는 데 강점으로 작용했습니다. 글을 씀으로써 정직한 자기성찰의 시간을 보낼 수 있었고, 책을 펴냄으로써 세상과 연결되어 제 나름대로 기여한다는 긍정적인 마음을 가질 수 있었으니까요. 책을 매개로 더 넓은 세상과 연결감을 가진다는 맥락에서 보면, 유독 위선에 예민한 저의 성향이 관계를 가로막은 장벽이라고 단정 짓긴 어렵겠다는 생각도 듭니다. 뭐든 일장일단이 있겠지요.

제가 가진 인간에 대한 높은 이상과 현실의 괴리에서 오는 실망감을 겸허히 받아들이는 한편, 세상을 있는 그대로 직시하려 노력했습니다. 스스로 할 수 있는 일에 집중하고, 작은 변화에서 희망을 찾으려 했습니다.

인간에 대한 높은 이상과 위선에 예민한 기질로 인해 '지금 내가 있는 이곳과 이 관계가 충분히 안전하다'라는 감각으로부터 종종 소외되었던 저는, 이제 저만의 방식으로 마음의 평화를 찾아가고 있습니다.

내면의 벽을 허물고
리모델링하는 기술

"방어기제를 감당할 수 있는 사람을 사랑하세요."

'어떤 사람을 사랑해야 할까요?'라는 질문에 대한 어느 정신과 전문의의 대답이었습니다. 방어기제란 불안과 스트레스를 느끼거나 불쾌한 욕구에 직면했을 때 자아가 무의식적으로 사용하는 방어 전략입니다. 방어기제라는 개념은 프로이트가 최초로 창안했지만, 그의 딸인 정신분석가 안나 프로이트가 더 깊이 연구하여 오늘날과 같은 형태로 체계화했습니다. 이후 하버드대학교 의과대학의 조지 베일런트는 방어기제를 성숙도에 따라 4단계로 분류했는데요. 다음과 같습니다.

1단계는 병리적인 방어기제입니다. '부정'은 가장 원시적인 방어기제로, 실제로 일어난 위협적인 현실을 아예 인정하려 하지 않는 행위입니다. '눈 가리고 아웅'이라는 속담이나 속칭 '정신 승리'와 비슷하죠. '분리'는 자기 자신과 타인에 대해 회색지대 없이 '좋은 것 아니면 나쁜 것'이라는 이분법으로 해석합니다. 경계선 성격장애의 대표적인 방어기제입니다.

2단계는 미성숙한 방어기제인데, 대표적으로 '투사'가 있습니다. 자기 안에 있지만 스스로 용납할 수 없는 심리적 속성이 마치 타인에게 있는 것처럼 생각하고 행동하는 것이죠. 예를 들어 누군가를 미워하면서 도리어 상대가 자기를 미워한다고 생각하거나, 자신의 공격성을 인정하기 어려워서 애꿎은 타인이 공격적이라고 믿는 경우입니다. 상대에 대한 적개심을 간접적인 방법으로 교묘하게 표출하는 '수동 공격'도 여기에 해당합니다.

3단계는 신경증적 방어기제입니다. 신 포도 우화처럼 실망스러운 현실로부터 도피하기 위해 그럴듯한 구실을 만들어서 자신을 기만하는 '합리화'가 있죠. 위협적인 충동이 표출되지 못하도록 정반대로 행동하는 '반동 형성'도 있습니다. 우리 속담에도 있듯이, 미운 놈에게 욕을 하는 게 아니라 떡 하나 더 주는 식이죠. '억압'은 의식하는 것 자체가 너무 고통스러운 일이라 아예 의식 속으로 들어오지 못하게 무의식적으로 억누르는 방어기제입니다. '주지화'는 위협이나 불안을 느끼는 상황에서 감정에 직면하기보다는 지적인 이해나 언어적인 설명으로 해소하려 합니다.

마지막 4단계는 성숙한 방어기제입니다. 대표적으로 '승화'가 있습니다. 위험하게 여겨지는 충동이나 욕망을 사회적으로 바람직하게 여겨지는 예술 같은 형태로 바꾸는 방어기제입니다. '유머'는 타인에게 유쾌함을 유발하는 유머와 농담을 함으로써 불쾌하거나 위험한 충동을 해소하는 방식입니다. 또한 받고 싶은 것을 타인에게 베풀면서 즐거움과 만족감을 느끼는 '이타주의', 나중에 받아들일 수 있는 상황이 왔을 때까지 현재의 욕망을 잠시 미뤄두는 '억제'도 성숙한 방어기제에 해당합니다.

베일런트는 연구를 통해 건강하고 행복한 노년을 약속하는 가장 강력한 요소가 성숙한 방어기제라는 사실을 밝혀냈는데요. 성숙한 방어기제를 지닌 사람들은 불쾌한 상황에 부딪히더라도 심각하게 몰아가지 않고 긍정적으로 전환할 수 있는 능력이 있습니다. 그는 이런 방어기제의 성숙도를 통해 지혜를 가늠해보는 것이 더 적합하다고 했습니다.

사람은 누구나 무의식적으로 방어기제를 사용합니다. 적절한 수준의 방어기제는 자아를 보호하는 순기능이 있지만, 지나치게 경직되고 반복적으로 사용하면 오히려 현실 적응을 어렵게 합니다. 따라서 자신이 주로 사용하는 방어기제를 알아차리고, 보다 성숙한 방어기제를 활용하려고 노력해야 합니다.

융의 그림자, 무의식의 열등한 인격

우리가 타인과의 관계에서 어려움을 겪는 이유는 무엇일까요? 불가피한 외부 상황 탓일 수도 있겠지만, 내 안에 있는 '장벽' 때문인 경우도 많습니다. 앞서 프로이트가 처음 제시한 방어기제의 개념을 이야기했는데, 우리의 무의식을 이해하는 또 다른 중요한 관점으로 융이 제시한 '그림자' 개념이 있습니다. 그림자는 우리가 인정하기 싫어하는 부정적 측면, 열등하다고 여기는 무의식의 또 다른 인격입니다.

사람들은 자신의 그림자를 외면한 채 살아가는 경향이 있지만, 그럼에도 간접적으로 그림자를 의식하게 되는 순간들이 있습니다. 바로 누군가의 어떤 모습을 보면서 유독 불편한 감정을 느낄 때입니다. 이를 '그림자 투사'라고 하는데요. 우리가 인식하지 못하거나 수용하기 어려운 자신의 특성을 타인에게서 볼 때 불편함을 느끼는 것입니다.

자신의 그림자를 파악하려면, 평소에 어떤 사람을 볼 때 마음이 불편한지 생각해보면 됩니다. 나에게 아무런 해코지를 하지 않았음에도 그냥 존재 자체만으로 이유 없이 불편했던 경험이 있나요? 교활함, 위선, 자만심, 거짓 등 인간에게는 다양한 부정적인 속성이 있습니다. 그중에서도 유독 나를 불편하게 만드는 특성이 있을 겁니다.

예를 들어 어떤 사람은 소극적으로 행동하는 사람만 보면 유독 마음이 불편합니다. 사실은 자신도 한때는 소심하게 행동하던 시절이 있었지만, 부단히 노력해서 지금은 사교적인 성격으로 바뀐 상태입니다. 그렇기에 스스로 열등하다고 생각하는 과거의 자신과 비슷한 타인을 볼 때마다 불편해지는지도 모릅니다.

그런가 하면, 어떤 사람들은 거침없이 자기 주장을 하거나 화를 내는 사람만 보면 불편해집니다. 잘난 체하는 사람만 보면 몹시 불쾌해지는 사람들도 있을 겁니다. 이렇듯 특정한 누군가를 볼 때 유난히 불편한 감정이 올라오거나, 심지어 비난하고 싶은 마음이 든다면 내 안의 그림자가 상대에게 투사되어서 불편한 감정이 드는 동시에 실제보다 더 그 사람을 나쁘게 판단할 수도 있습니다.

이런 그림자 투사는 어떤 기능을 할까요? 투사가 일어나면, '나는 괜찮은 사람이고 상대는 나쁘다'고 여기게 됩니다. 이러면 자신의 부정적인 면모를 직면하지 않아도 되기에 일시적으로 불안이 줄고 마음이 편안해지는 경험을 합니다.

그런데 그림자 투사가 언제나 미성숙하고 나쁜 건 아닙니다. 오히려 사람이라면 누구나 가질 법한 자연스러운 반응입니다. 융에 따르면, 그림자가 투사됨으로써 무의식의 콤플렉스를 의식화할 수 있다는 이점이 있습니다. 무의식을 의식하려면 그림자를 인식할 수 있어야 하는데, 이때 우리는 타인에게 투사된 그림자를 살펴봄으로써 간접적으로 인식할 수 있습니다.

저는 인간의 위선을 유독 불편하게 여기는 제 자신을 발견함으로써 그것이 그림자였다는 사실을 깨달았습니다. 자신의 이기심을 숨긴 채 겉으로만 이타적인 척하는 사람을 볼 때마다 불편했는데, 어쩌면 제 안에 꼭꼭 억누르고 있던 위선이 자극을 받았던 건지도 모르겠습니다. 하지만 더 이상 제 안의 그림자를 무시하거나 억누르지 않고, 오히려 무의식의 그림자를 적극적으로 의식화하려 노력했습니다. 조너선 하이트의 말처럼, 인간은 누구나 위선적인 면모를 가지고 있다는 사실을 인정하고 수용함으로써 한 걸음 더 성장할 수 있으니까요. 물론 이런 과정은 괴롭고 쉽지 않을 수 있습니다. 하지만 자신의 그림자를 알아차리고 통합할 때 비로소 진정한 자기 이해에 다가갈 수 있습니다.

내면의 벽을 허무는 방법

이 문제를 뇌과학적인 관점에서 접근해볼 수도 있습니다. 《이토록 뜻밖의 뇌과학》을 쓴 리사 펠드먼 배럿에 따르면, 우리 뇌의 핵심 기능은 생각하는 게 아닙니다. 신체의 에너지 관리를 최적화하여 복잡한 신체를 운영하는 것입니다. 생존에 필요한 행동을 수행하기 위해 언제 어느 정도의 에너지가 필요할지 예측함으로써 신체 활동을 효과적으로 제어하는 것이 바로 '알로스타시스*allostasis*'라는 과정입니다.

인간의 뇌는 과거 경험(기억)을 참고하여 매 순간 들어오는 감각 신호를 가장 합리적으로 예측하고 신체 예산을 선제적으로 분배합니다. 만약 제가 과거에 '겉으로만 착한 척하는 사람에게 크게 실망하거나 피해를 본 경험'이 있었다면, 제 뇌는 '타인의 위선적 행동 = 위험! 경계 대상'이라는 예측 모델을 갖고 있을 가능성이 크겠죠. 이런 예측 모델이 한 번 형성되면 뇌는 비슷한 상황, 즉 누군가의 위선적인 모습을 접할 때마다 자동으로 과도하게 예산을 분배합니다. 이것이 제가 누군가의 위선을 볼 때마다 불편감을 느끼는 이유일 겁니다.

다행히도 인간의 뇌는 신경 가소성을 갖고 있어서 새 예측 모델을 학습할 수 있습니다. 뇌의 배선을 새롭게 할 수 있다는 뜻입니다. 그러기 위해서는 과거와 비슷한 상황에서 '비교적 안전하다'라는 새로운 경험을 꾸준히 쌓아야 합니다. 더디더라도 '안전한 성공'을 꾸준히 체험함으로써 불안을 느끼는 상황에서 뇌의 사회적 긴장 반응을 점진적으로 낮출 수 있습니다. 이를 '체계적 둔감화*systematic desensitization*'라고 합니다.

이런 원리를 알게 된 후로, 저는 다른 누군가의 위선을 목격했을 때 곧바로 회피하기보다는 오히려 그 상황을 견디는 훈련을 해 봤습니다. 그 상황에 개입하지는 않지만, 적당한 거리를 두고 제가 할 일을 묵묵히 했죠. 물론 '위선도 선이다'라는 식으로 위선을 합리화할 생각은 없습니다. 다만 '위선'과 '따뜻함'은 다르니까 따뜻한 마음의 표현을 좀 더 자유롭게 해도 된다는 믿음을 제 안에 심고 싶었습니다. 그러기 위해 인간의 뿌리 깊은 위선을 너른 마음으로 이해하고 용서하는 것이 어쩌면 '선'이자 '사랑'이 아닐까 하는 마음을 가져보기로 한 겁니다. 불편하다고 느꼈던 상황에 의도적으로 노출되는 훈련을 함으로써 타인과의 관계를 가로막고 있는 제 안의 벽을 허물고 리모델링을 한 것이죠.

장벽 너머로 빛을 발견하다

누구나 마음속에 자신만의 빛을 품고 있습니다. 아직 제대로 발견하지 못했을 뿐입니다. 숨어 있는 내면의 빛을 찾기 위해서는 빛만 좇는 게 아니라, 먼저 자신의 어둠과 그림자를 충분히 직시하고 이해하며 수용하는 과정이 중요합니다. '흐린 눈'을 한 채 장점만 보려고 하는 건 진짜 긍정이 아닐뿐더러 결국 탈이 나는 행동입니다. 인정하기 싫은 나의 부족한 부분을 애꿎은 타인에게 투사하는 등 건강하지 못한 방어기제를 쓸 가능성이 높겠죠.
　타인과의 진정한 교감은 '자기이해'라는 토양 위에서 꽃핍니다. 나 자신을 이해하는 일이 선행되어야 타인과 따뜻한 관계를 이어갈 수 있습니다. 내면의 장벽을 알아차리는 과정이 고통스럽더라도 그 길을 택해야 하는 이유입니다. 자신의 어둠을 직시하고 끌어안을 때, 타인의 그림자도 이해할 수 있으니까요.

자신의 장단점을 모두 정직하게 받아들이는 연습이 필요합니다. 이런 과정을 통해 자아를 통합하고, 더 나아가 자기실현을 할 수 있습니다. 오래된 습관을 바꾸는 일이라 시간이 걸릴 수는 있겠지만, 꾸준히 자기 자신을 성찰한다면 한층 더 성숙해지고, 결국 장벽은 허물어집니다. 그 벽 너머로 더 넓고 깊은 세상과 만나게 될 것입니다.

외로움이 아닌
행복한 고독을 선택하는 방법

사회적 고립으로 인한 외로움에 장기간 노출되는 것이 건강에 해롭다는 사실은 이미 여러 연구 결과로 입증되었습니다. 미시간대학교 연구진이 《사이언스》에 발표한 논문에 의하면, 사회적 고립과 흡연은 사망 위험률을 모두 2배 증가시켰습니다. 외로움은 흡연에 필적할 만큼 건강을 위협하는 주요 위험인자라는 것이 연구진의 결론이었습니다. 만성적인 외로움은 사망 확률을 26퍼센트 높인다는 연구 결과도 있습니다. 현대 사회에서 외로움과 고립으로 발생하는 다양한 문제는 전 세계적인 사회 문제로 대두하고 있습니다. 2018년, 영국에서 세계 최초로 외로움부 장관을 임명했고, 일본도 2021년에 세계에서 두 번째로 고독부 장관을 임명한 것은 이런 상황의 심각성을 보여줍니다.

외로움과 고독은 다르다

그렇지만 홀로 있는 시간이 늘 유해한 외로움으로 귀결되는 것은 아닙니다. 신학자 폴 틸리히는 '외로움'과 '고독'은 다르다고 말했습니다. 외로움은 비자발적으로 혼자가 됐을 때 느끼는 고통을 표현하는 반면, 고독은 자발적으로 혼자일 때 느끼는 감사함 내지는 축복을 뜻합니다. 오랜 세월 수많은 예술가와 철학자가 예찬했던 '혼자만의 시간'은 외로움이라기보다는 고독에 더 가까운 개념입니다. 훌륭한 창작물이나 의미 있는 성과를 만들어내기 위해서는 자신의 내면으로 파고드는 몰입의 시간이 꼭 필요하기 때문입니다.

혼자 있다고 해서 반드시 외로운 것은 아니고, 반대로 주변에 사람들이 있다고 해서 외로움을 느끼지 않는 것도 아닙니다. 외로움은 개인이 자각하는 감정이기 때문인데요. 테레사 수녀는 외로움을 자신이 누구에게도 필요하지 않은 존재라고 느끼는 매우 혹독한 정서적 빈곤이라고 했습니다. 한편, 영국의 경제학자 노리나 허츠는 《고립의 시대》에서 외로움이란 우리가 친밀감을 느껴야 하는 사람들은 물론 우리 자신과도 단절된 기분이라고 말합니다. 또 사회와 가족이라는 공동체적 맥락에서 제대로 지지받지 못하는 느낌이자 정치적·경제적으로 배제된 느낌이라고도 덧붙입니다.

결국 아는 사람들이 아무리 많아도 군중 속에서 단절감이나 소외감을 느낀다면 외로운 겁니다. 단순히 얼마나 많은 사람을 아는지가 아닌, 관계의 질이 얼마나 건강한지가 더 중요한 요소인 거죠.

외로움은 나쁜 감정이나 특이한 감정이 아닙니다. 외로움이라는 감정은 현재 내가 사회적 지지를 충분히 받지 못한 채 고립되어 있으니, 안전을 위해 즉시 조치를 취하라고 뇌가 보내는 신호입니다. 누구나 느낄 수 있는 보통의 감정인 거죠. 그러니 우리는 그저 그 감정을 알아차리고 잘 대응하면 됩니다.

'외로움'에서 벗어나 '고독'을 누리는 방법

오랫동안 무명 철학자로 고독하게 살아온 쇼펜하우어는 생애 말년에 출간한 에세이에서 마음의 안정에 은둔 생활이 무척 좋은 영향을 미치는 이유에 대해 타인의 시선에서 벗어나 남들이 뭐라고 하는지 신경 쓰지 않고 자기 자신에게 되돌아갈 수 있기 때문이라고 했습니다. 쇼펜하우어가 말한 은둔 생활은 고통스러운 외로움이 아니라 행복한 고독을 누리는 시간을 말합니다. 그렇다면 현대를 살아가는 우리는 어떻게 고통스러운 외로움을 피하고, 행복한 고독을 선택할 수 있을까요? 현대 사회에 만연한 외로움의 문제는 사회구조적 차원에서 다뤄야 할 부분도 있지만, 개인의 삶에서 실행 가능한 방법도 있습니다. 바로 외로움이 아닌 고독을 선택하는 법을 배우고, 관계의 질을 개선하는 것입니다. 지금부터 외로움에서 벗어나 고독을 누리는 다섯 가지 방법을 살펴보겠습니다.

1. 나의 사회적 기술 재정비하기

외로움을 자주 느낀다면 내가 사회적 기술을 충분히 잘 가지고 있는지 파악할 필요가 있습니다. 연구에 따르면, 사람이 외로움을 느낄 때는 사회적 기술이 무력해집니다. 외로울수록 더욱더 타인의 입장에서 생각하고 공감해야 주변에 사람들이 모일 텐데, 마음의 여유가 없는 외로운 사람들은 미숙한 태도를 보이며 점점 더 고립을 자처하는 악수를 둘 가능성이 있습니다. 그렇게 고립의 악순환에 빠지는 거죠.

사회적 기술은 거창한 게 아닙니다. 흔히 말하는 인성이나 태도를 의미합니다. 우리는 이런 기술을 획득하기 위해 성인이 될 때까지 최소 20여 년이라는 긴 시간을 보냅니다. 사회적 기술이 부족해서 자주 외로움을 느끼는 사람들은 아마도 살면서 이런 기술을 체득할 기회가 더 적었을 겁니다. 해결책은 다양한 경험을 쌓으면서 학습하는 것입니다. 단순히 머리로 배우는 '명시적 지식'을 넘어 지속적인 반복과 훈련을 통해 몸으로 익히는 '암묵적 지식'을 습득하는 겁니다.

상황에 따라 서로 다른 페르소나를 드러내듯 관계의 종류에 따라 통용되는 암묵적인 룰은 서로 다른데요. 이렇게 다양한 사회적 기술을 계속 배우고 일상에서 실천해나가다 보면, 유연한 사회성이 자연스레 몸에 밸 것입니다.

2. 중독이 아닌 몰입할 수 있는 대상 찾기

'중독'과 '몰입'은 언뜻 비슷해 보이지만 다른 개념입니다. 중독은 어떤 물질이나 행동이 자신에게 유해함에도 지속적·강박적으로 활용하고 의존하는 것입니다. 반면, 칙센트미하이가 정의한 개념인 몰입은 시간 감각마저 잃은 채 어떤 활동에 깊이 빠져든 상태입니다. 영어권 사람들은 "무아의 경계에 들어갔다 *being in the zone*"라고 표현하며, 한자로는 무아지경無我之境이라고 합니다.

버트런드 러셀은 《행복의 정복》에서 우리가 불안, 죄의식, 걱정, 피해의식 등의 심리적 고통과 불행을 줄이려면 자기 자신을 잊을 정도로 다양한 관심거리를 갖는 것이 효과적이라고 강조합니다. 그가 긍정적으로 바라본 '외부 세계에 대한 관심'은 일(직업), 학문, 예술, 취미, 인간관계는 물론 개인적 이익을 넘어 공동체를 위한 더 큰 목표에 기여하는 사회 활동 등으로 다양합니다.

3. 사람에 대한 기대는 내려놓되, 좋은 사람들과의 접촉 빈도를 의식적으로 늘리기

외로움을 느끼면 남들에게 적극적으로 다가가게 될 것 같지만, 오히려 자기만의 고치를 만들어 그 속에 숨어버리는 사람이 많습니다. 이들은 "난 아무도 필요하지 않아, 이대로 혼자가 좋아"라며 언뜻 보면 고독을 즐기는 척하지만, 사실 자기방어적인 행동일 뿐입니다. 자기방어가 꼭 나쁜 건 아니지만, 자기를 속이는 외로움이 지속되면 단순한 고립감을 넘어 타인에 대한 적대감으로 이어질 수 있으니 주의해야 합니다.

2018년, 시카고대학교 연구팀이 발표한 논문에 따르면, 외로움을 많이 느낄수록 다른 사람의 말과 행동을 부정적으로 해석하고 적대감을 드러내는 경향이 두드러졌다고 합니다. UCLA의 한 연구에서도 외로움이 사회적 위협에 대한 민감도를 높여 타인을 향한 부정적 편견을 강화한다는 결과가 나왔습니다. 다른 사람들에게 이유 없이 적대감을 느끼거나 평소에 화가 많다면, 내가 지금 외로운 건 아닌지 돌아볼 필요가 있습니다.

《월든》을 쓴 헨리 데이비드 소로는 2년 2개월 동안 월든 호수에서 홀로 고독의 시간을 보낸 것으로 유명합니다. 마치 혼자서도 잘 살아갈 수 있다는 메시지를 전하는 것처럼 보일 수 있지만,

사실 그렇지 않습니다. 그는《월든》에서 집에 세 개의 의자가 있는데 각각 고독, 우정, 사교를 위한 것이라고 썼습니다. 고독을 사랑한 소로조차 친구들과 우정을 나누고 세상과 교류하는 것의 균형이 중요하다고 말한 겁니다. 홀로 살아가는 기쁨을 진정으로 누릴 수 있으려면, 타인과의 관계를 소중히 여겨야 한다는 진리를 엿볼 수 있습니다.

외로울수록 사람에 대한 과한 기대는 내려놓되, 애정을 잃지 않는 것이 중요합니다. 에리히 프롬은 이 같은 사랑을 '형제애'라고 했습니다. 이는 사랑의 모든 형태의 바탕에 놓여 있는 가장 기본적인 사랑이며, 배타성 없이 모든 인간에 대한 사랑입니다. '그래도 세상에 좋은 사람들이 많구나' 하는 믿음을 내면화하기 위해서라도 따뜻한 마음과 선의를 가진 사람들과의 접촉 빈도를 늘려야 합니다. 외로움의 악순환에서 벗어나기 위해서는 용기를 내 타인에게 더욱 친절해지고 다정해지고자 노력하는 것도 중요합니다. 기대를 내려놓고 타인에게 베푼 온정은 돌고 돌아 결국 나에게 돌아오기 때문입니다.

4. 경외감 느끼기

경외감이란 우리가 이해할 수 없는 거대하고 신비로운 무언가를 마주했을 때 느끼는 감정입니다. 경외감을 느끼는 상황에서 우리는 자신이 사라지는 듯한 감각, 즉 '작은 자기 *small self*'를 경험합니다. 우주비행사들이 광활한 우주에서 지구를 내려다보며 자기 삶의 고민이 얼마나 사소한지 깨닫고 겸허해진다고 고백하는데, 바로 이런 감정입니다.

UC버클리의 심리학과 교수이자 경외심 연구의 선구자인 대커 켈트너는 삶에서 총 여덟 가지의 경외감을 만날 수 있다고 했습니다. 첫 번째 경외감은 타인의 용기, 친절, 선행, 정신력 또는 역경 극복 경험에 감명받았을 때 느끼는 심적인 아름다움입니다. 두 번째 경외감은 스포츠 경기 행사, 장례식, 결혼식, 졸업식, 정치 집회 등에서 느끼는 집단 열광입니다. 세 번째는 지진, 뇌우, 번개, 쓰나미 같은 자연재해나 밤하늘의 별빛, 동식물에게도 의식이 있다는 느낌을 받을 때 같은 대자연에서의 경외감입니다. 네 번째는 음악이 주는 경외감입니다. 감동적인 공연을 관람하거나 직접 음악 활동에 참여할 때, 우리는 소리가 만들어내는 신비로운 세계에 빠져듭니다. 다섯 번째는 시각디자인이 주는 경외감입니다. 아름다운 건축물이나 회화 작품 등에 매료될 때 느낍니다. 여섯 번째는 종교적이고 영적인 체험에서 오는 경외감입니다. 초월적 존재와 교감하는 듯한 특별한 순간에 찾아옵니다. 일곱 번째로 생명의 탄생과 죽음을 목격할 때 느끼는 경외감이 있습니다. 이는 생명의 신비로움과 유한성을 동시에 일깨워주는 강렬한 경험입니다. 마지막 여덟 번째는 삶의 깊은 진리를 깨닫는 통찰이 주는 경외감입니다.

경외감을 느끼는 상황을 적극적으로 만들어보세요. 인간은 경외감을 느낄 때 경쟁적인 마음에서 벗어나 모든 존재가 훨씬 거대한 무언가의 일부임을 깨닫곤 합니다. 경외감은 우리 본성의 선함을 깨우고, 모두 거대한 공동체의 일원임을 자각하게 함으로써 현대인들에게 만연한 외로움과 고립감을 치유하는 명약이 될 수 있습니다.

5. 지금 이 순간의 자기 자신을 알아차리는 명상하기

명상이 정신건강에 이롭다는 사실은 이미 여러 연구를 통해 입증되었습니다. 일반인들의 고정관념과 달리, 명상은 집요한 인내심을 요구하는 거창하고 어려운 수행을 뜻하지 않습니다. 명상은 알아차림입니다. 눈을 감고 가만히 앉아 있지 않아도 됩니다. 운전이나 대화, 혼자 걸어 다니면서도 얼마든지 명상을 할 수 있습니다. 지금 이 순간에 머물며 내가 무엇을 바라보고 있고, 머릿속에 무슨 생각이 떠오르는지, 또 어떻게 말하고 있는지 등을 시시각각 알아차리고 있다면 명상을 하고 있는 겁니다. 고독을 편안하게 받아들이는 것은 자기 자신과 깊이 연결된다는 의미인데, 이는 명상이 지향하는 내면의 알아차림과 일맥상통합니다. 일상에서 지금 이 순간을 알아차리는 연습을 꾸준히 해보세요.

겉으로 보이는 모습이
전부는 아니다

십여 년 전, '행복 전도사'로 알려진 한 방송인이 있었습니다. "자살을 거꾸로 읽으면 '살자'가 된다"라는 희망의 메시지로 많은 사람에게 삶의 의지를 전하며, 언제나 밝은 미소를 잃지 않는 사람이었습니다. 그런데 어느 날, 우울증과 싸우다 스스로 생을 마감했다는 비보가 전해졌습니다. 그간의 행보를 생각하니 그 방송인의 사망 소식에 큰 충격을 받지 않을 수 없었습니다. 그리고 겉으로 보이는 명랑함이 반드시 내면의 평안을 의미하지는 않는다는 것을 깨달았습니다.

사람은 평면적이지 않다

앞선 사례와 같이 표정이나 겉모습만으로는 그 사람의 진짜 감정을 이해하기 어려울 수 있습니다. 현대 심리학에서도 이런 점을 주목하고 있는데요. '구성된 감정 이론*Theory of constructed emotion*'을 제안한 리사 펠드먼 배럿은 감정에 대해 타고난 것이 아니라는 주장을 펼칩니다. 배럿은 만약 보편적인 감정이 있다면 개념을 공유하기 때문이라고 했는데요. 즉 보편적인 것은 감정 자체가 아니라, 우리의 신체 감각에 의미를 부여하는 개념의 형성 능력이라는 겁니다.

이런 맥락에서 배럿은 만일 사람들이 얼굴만으로 감정이 드러난다고 믿으면 심각한 오해와 부작용을 낳을 수 있다고 말합니다. 예컨대 표정이 밝다고 해서 내면이 꼭 밝은 게 아니듯이, 표정이 밝지 않다고 해서 그 사람이 어두운 내면을 지녔다고 단언할수도 없습니다. 편안하고 유쾌한 상황에서는 잘 웃지만, 별다른자극이 없을 때는 그냥 웃지 않는 사람일 수도 있으니까요.

정신과 전문의 정혜신 박사에 따르면, 어린 시절에 불편한 감정을 표현했을 때 양육자로부터 공감은커녕 부정적인 반응을 받은 아이들은 자신의 진짜 감정을 억누르는 법을 배우게 된다고합니다. 더 나아가 불편한 감정을 숨기기 위해 오히려 과도하게밝은 표정을 짓기도 하는데요. 그래서 정혜신 박사는 지나치게 밝게 웃는 사람을 보면 더 자세히 살펴본다고 합니다. 그 웃음 뒤에 감춘 상처는 없는지를요.

평소에 잘 웃고 밝다는 소리를 많이 들어서 자기가 긍정적인 사람인 줄 알았는데, 독서를 시작한 후로 부정적인 사람이라는 걸 깨달았다는 분들이 종종 있습니다. '부정적인 사람'은 어떤 사람일까요? 일상에서 YES보다 NO를 외치는 빈도가 높으면 부정적인 사람인 걸까요? 그렇게 보일 수도 있겠지만, 저는 다르게 생각합니다.

우리의 감정과 행동은 특정한 상황, 개인적인 경험 등에 따라 다르게 표현될 수 있습니다. 따라서 사람을 단순히 '부정적' 또는 '긍정적'이라고 딱 잘라 말하는 건 그 사람의 전체 모습을 충분히 이해하지 못한 것과 다름없습니다. 일부 부정적인 면모가 있다 해도 '부정적인 사람'으로 낙인찍을 수는 없습니다. 이따금 부정적으로 생각하는 사람인 거죠.

자기 자신이 부정적인 사람처럼 느껴져서 더 긍정적인 사람이 되고 싶나요? 그렇다면 가장 먼저 해야 할 일은 자기 자신을 '부정적인 사람'이라고 라벨링하는 부정적인 버릇부터 없애야 합니다. 스스로를 '○○한 사람'이라는 특정한 틀 안에 가두지 않았으면 합니다. 인간은 다면적인 특성을 가진 존재입니다. 자신이 누구인지 탐구하며 정체성을 구축해가는 건 바람직한 일이지만, 한 가지 특성으로 자신을 규정 짓기보다는 다채로운 면모를 인정해

줄 필요가 있습니다.

예를 들어 '밝은 사람'이라는 단정적이고 단면적인 표현보다는 '사람들과 함께 있을 때 밝은 면을 자주 보이는 사람'이라는 입체적인 표현이 더 정확하지 않을까요? 아무리 밝은 사람일지라도 언제나 밝을 수 있는 건 아니니까요. 바깥에서는 잘 웃는 사람도 늦은 밤에 혼자 있을 때는 종종 울적하고 불안해하는 모습을 보일 수 있습니다. 반면, 낯을 가리는 성격 탓에 밝지 않은 사람처럼 보이는 사람도 좋아하는 친한 친구들이나 사랑하는 연인과 함께 있을 때는 유쾌한 사람이 될 수도 있습니다.

인간은 원래 긍정보다 부정적인 사건과 정서에 더 민감한데, 심리학에서는 이를 '부정 편향'이라고 합니다. 원시시대로 거슬러 올라가볼까요. 숲속에서 바스락거리는 소리가 들릴 때 '바람 소리겠지' 하고 마냥 낙관적으로 판단하기보다는 '혹시 맹수가 있을지도 모른다'라고 상황을 부정적으로 가정했던 원시인이 생존에 유리했습니다. 외부 상황을 부정적으로 바라보는 부정 편향은 위험으로부터 자신을 보호하는 생존 전략이었던 겁니다.

그렇다고 우리가 자신을 늘 부정적으로만 보는 것도 아닙니다. 오히려 사람들은 대부분 자신을 실제 모습보다 더 긍정적으로 인식하는 심리 편향을 보입니다. 이를 '워비곤 호수 효과' 또는 '과신 효과', '기만적 우월감 효과'라고 합니다. 워비곤 호수는 미국의 풍자 작가 개리슨 케일러가 라디오 드라마의 배경으로 만든 가상 마을입니다. 이 마을 사람들은 하나같이 자신이 평균보다 더 예쁘고 잘생기고 힘이 세고 지적이라고 믿습니다. 실제로는 그렇지 않음에도 말입니다. 심리학자 토머스 길로비치는 이 드라마에서 착안하여 워비곤 호수 효과라는 용어를 만들었습니다. 자신이 평균보다 낫다고 여기는 인간의 보편적인 심리를 뜻합니다. 이런 개념을 보면 확실히 우리는 부정적인 눈으로만 자기 자신을 바라보지 않습니다. 부정적일 때도 있고 긍정적일 때도 있는 복합적인 존재라고 봐야 합니다. 그러니까 스스로를 '부정적인 사람'이라고 규정하지 말아야 하는 겁니다.

자기 자신에게 부정적인 생각이 자꾸 든다면, 이를 반박하는 객관적인 근거를 찾아보세요. 내 안에 부정적인 면이 있다고 해서 스스로를 부정적인 사람이라고 규정지을 수 없다는 사실을 깨닫게 될 겁니다. 자기 자신을 다채로운 색깔과 무한한 가능성을 지닌 역동적인 존재로 바라봐주어야 합니다.

'나'의 입체성을 인식하고 수용하기

책이나 온라인 콘텐츠를 볼 때도 유의해야 합니다. 특히 온라인 콘텐츠는 불특정 다수가 이해하기 쉽도록 단순화해서 만드는 경우가 많습니다. 어떤 대상의 복잡하고 모순적인 디테일을 전부

살려서 표현하기엔 부족할 수밖에 없습니다. 그러니 '○○한 사람의 특징'이라는 영상이나 글을 볼 때 '나는 ○○한 사람이네!'라고 단정 짓는 걸로 끝나서는 안 됩니다. '저런 속성이 내 안에도 일부 존재하는구나. 그럼 앞으로 어떻게 하는 게 좋지?'와 같은 건설적인 방향으로 생각하는 것이 좋습니다.

항상 선하기만 한 사람이나 악하기만 한 사람이 없듯이, 늘 밝기만 하거나 어둡기만 한 사람도 없습니다. 만약 언제나 한결같이 '밝은 사람'처럼 보이는 사람이 있다면, 언제나 비슷한 수준으로 통제된 상황에서만 그 사람을 만나고 있을 가능성이 매우 높습니다. 그 사람이 집에 혼자 있는 동안 얼마나 깊은 근심에 사로잡혀 있는지 제3자는 짐작조차 할 수 없습니다.

하늘에는 해가 빛날 때도 있지만 구름이 끼어 어두울 때도 있습니다. 우리의 내면에도 밝음과 어두움이 공존합니다. 밤이 되었다고 해서 태양이 영영 사라진 것은 아닙니다. 우리 안의 그림자가 본연의 빛을 가리고 있다고 해도 그 내면의 빛은 사라지지 않습니다. 그러니 '나는 원래 부정적인 사람'이라고 스스로를 규정하지 말고, '내 속에 몇몇 부정적인 태도가 있다'고 인식하는 것이 맞습니다. 이것이 자신의 부족한 부분을 겸허히 인정하면서도 더 긍정적으로 변화할 수 있는 가능성을 열어두는 건강한 태도입니다.

톨스토이가 지적했듯이, 누군가를 두고 '친절한 사람'이나 '사악한 사람'처럼 단편적으로 정의하는 건 부정확한 분류입니다. 에리히 프롬도 비슷한 맥락의 말을 한 바 있습니다. 그는《사랑의 기술》에서 우리가 진정한 사랑을 하기 위한 중요한 조건은 자아도취를 극복하는 것이라고 했는데요. 자아도취의 대척점에 '객관성'이 자리한다고 했습니다. 사랑의 기술을 배우기 위해서는 모든 상황과 존재를 있는 그대로 객관적으로 보는 능력을 길러야 한다는 것이죠. 여기서 '객관성'이란 차가운 분석이나 관찰을 의미하는 게 아니라, 타인의 독특한 개성을 있는 그대로 보고 존중하는 능력입니다. 즉 자신의 욕구나 불안, 편견으로 상대를 왜곡하지 않고, 그 사람의 전체적인 모습을 있는 그대로 받아들이는 자세를 말합니다. 상대방을 지나치게 이상화 또는 평가절하 하기보다는 인간이라면 누구나 복잡하고 입체적인 면모가 있음을 이해하고 이를 따뜻한 시선으로 바라볼 수 있어야 합니다.

표정만으로 감정을
판단할 수 없는 이유

밝고 명랑한 이미지로 대중의 사랑을 받았던 연예인이 오은영 박사의 프로그램에 출연해 뜻밖의 고백을 했습니다. 힘든 시간을 겪으면서도 늘 밝은 표정으로 감춰왔다고요. 이에 대해 오은영 박사는 젊은 청년들이 앓고 있는 '스마일 마스크 증후군'일 수 있다고 말했습니다.

치열한 경쟁 사회에서 도태될지도 모른다는 불안감에 진짜 감정을 숨긴 채 언제나 밝은 모습만 보여주려 하는 강박이 스마일 마스크 증후군입니다. 이 증후군은 행복한 사람은 미소 짓는다는 뿌리 깊은 고정관념에서 기인하는데요. 미소를 행복과 동일시하는 대중의 인식은 의외로 오래되지 않습니다.

미소와 웃음은 다르다

미소에는 두 종류가 있습니다. '뒤센 미소'라고도 하는 진짜 미소는 눈가에 잔주름이 자연스럽게 잡히는 반면, '팬암 미소'(또는 비뒤센 미소)라 불리는 가짜 미소는 눈꼬리 주름이 나타나지 않습니다. 주로 후자에 해당하는 인위적인 미소는 사회생활의 기본 매너처럼 보이기도 하지만, 진짜 속내를 남들이 눈치채지 못하게 하는 연출처럼 보일 때도 있습니다. 미국의 심리학자 폴 에크먼은 《텔링 라이즈》에서 미소는 자신의 감정을 숨기기 위해 위장 용도로 사용하는 다른 감정의 가면 중에서 가장 많이 사용되는 것이라고 말합니다. 에크먼에 따르면 두려움, 분노, 피로, 역겨움 등 모든 부정적인 감정을 감추거나, 실제로 느끼지 않는 감정을 억지로 꾸며야 할 때 유용하게 이용할 수 있는 기술이 바로 미소입니다.

보통 '미소'와 '웃음'을 비슷하게 여깁니다. 미소의 확장판이 웃음 같지만, 의외로 그렇지 않습니다. 영국의 진화심리학자이자 문화인류학자인 로빈 던바는 미소와 웃음이 상당히 다른 진화적 뿌리를 가졌다고 말합니다. 미소는 원숭이가 항복하는 얼굴에서, 웃음은 원숭이가 놀이하는 얼굴에서 진화했다는 건데요. 원숭이는 놀이를 할 때 입을 크게 벌린 표정을 짓는데 이게 바로 웃음입니다. 반면, 원숭이가 다른 원숭이에게 항복의 의사를 표현할 때는 이빨을 다문 채 입술을 양옆으로 벌린 표정, 즉 미소를 짓습니다. 20세기 초, 버지니아 울프는 산문집 《런던 거리 헤매기》에서 웃음이란 본질적으로 오로지 인간에게서만 가능한 듯하다고 썼지만 그렇지 않습니다. 현대 영장류 연구에 따르면 침팬지나 보노보, 고릴라 같은 영장류뿐 아니라 쥐나 돌고래도 웃음과 유사한 행동을 보인다고 합니다.

인간은 재미있는 코미디를 보거나 농담을 들으면 입을 벌리고 깔깔 웃습니다. 하지만 낯선 사람이나 자기보다 지위가 높은 사람을 만날 때나 긴장하거나 부끄러움을 느낄 때는 원숭이처럼 항복의 제스처인 미소를 짓습니다. 내가 미소를 지으면 상대는 나를 덜 의심하고 덜 비판적으로 대할 가능성이 큽니다. 상대방의 마음이 열리는 것이죠. 에크먼의 주장처럼 미소 짓기는 의도를 숨기고 상대방의 마음을 여는 기술로 쓰일 수 있습니다. 미소가 감정 은폐의 수단이 될 수 있다면, 흔히 포커페이스라고 하는 무표정보다 오히려 미소 짓기가 본심을 숨기는 고도의 포커페이스인지도 모르겠습니다.

마케팅이 만들어낸 행복의 상징, 미소

그렇다면 언제부터 미소가 행복을 상징하게 되었을까요? 현대를 살아가는 우리에겐 미소가 곧 행복을 상징한다는 것이 진리처럼 느껴져서 '행복하면 당연히 미소를 짓고, 미소 짓는 사람은 행복한 것이다'라는 생각이 상식 같기도 합니다.

그러나 감정을 연구하는 세계적인 신경과학자이자 심리학자인 리사 펠드먼 배럿은 이런 상식에 반하는 이야기를 합니다. 역사적 기록을 살펴본 배럿은 고대 그리스인과 로마인은 행복할 때 자진해서 미소를 짓지 않은 듯하다고 말합니다.

고대에는 웃음을 품위 없고 저급하게 보는 견해가 지배적이었습니다. 고대 그리스의 철학자 플라톤은 '웃음을 철학에서 추방한' 철학자로 알려져 있는데요. 독문학자이자 저술가인 만프레트 가이어는 《웃음의 철학》에서 플라톤이 웃게 만드는 자들과 웃음을 사랑하는 자들을 좋아하지 않았다고 주장합니다. 또한 플라톤이 농담을 듣고 웃었다는 기록을 그 어디에서도 찾아볼 수 없었다고 하는데요. 지혜를 사랑한 필로소포스*philosophos* (철학자) 플라톤은 웃음의 친구인 필로겔로스*philogelos* ('웃음을 좋아하는 사람'을 뜻하는 고대 그리스어)를 반기지 않았던 것입니다.

그럼 미소는 언제 대중적으로 인식되었을까요? 영국의 저명한 역사학자 콜린 존스는 18세기 파리를 중심으로 미소의 역사적·사회적·의학적 변화를 다룬 《18세기 파리의 미소 혁명*The Smile Revolution : In Eighteenth Century Paris*》(2014)에서 유럽에서는 중세와 근세 초기까지도 미소를 짓거나 이를 드러내며 활짝 웃는 것은 천박함과 어리석음으로 여겼다고 주장합니다. 특히 상류층에서 미소 짓는 걸 품위 없다고 여겼는데요. 그 당시에는 대부분의 사람들이 치아 상태가 좋지 않아서 치아를 드러내고 웃는 것이 그리 긍정적으로 보이지 않았던 겁니다. 실제로 17세기까지의 초상화를 보면 미소를 짓는 모습은 매우 드뭅니다.

하지만 18세기 중후반부터 미소에 대한 인식이 달라지기 시작했습니다. 이런 변화에는 치과 치료의 발달과 더불어 계몽주의의 영향, 사회적 감수성의 변화가 중요한 역할을 했죠. 프랑스 파리는 당시 치과 치료 분야에서 혁신의 중심지였습니다. 18세기 이후 치과 치료 덕분에 구강 건강이 향상되면서 입을 벌리고 활짝 웃는 표정이 사람들 사이에서 긍정적으로 인식되기 시작한 겁니다.

미국 UC버클리에서 흥미로운 연구를 진행한 적이 있습니다. 1900년대부터 2010년대까지 미국 고등학교 졸업 앨범에서 37,921개의 정면 사진을 수집한 후, 사진들을 겹쳐서 생성한 평균 얼굴의 입술 곡률을 살펴봤는데요. 1900년대 초반에는 학생들이 무표정했으나 세월이 흐를수록 미소를 짓는 경향이 뚜렷해졌다는 사실을 확인할 수 있었습니다.

19세기 초중반에는 사진을 찍을 때 노출 시간이 길어서 피사체가 미소를 짓는 게 물리적으로 어려웠습니다. 이후 기술이 발전하면서 생생하게 웃는 모습을 담는 게 가능해졌는데, 그럼에도 사람들은 여전히 카메라 앞에서 웃지 않았습니다. 20세기 초, 미국의 필름 산업을 지배한 코닥은 이런 틈새를 노려 사진 속의 인물이 행복한 사람이라는 인식을 대중에게 각인시키기 위한 마케팅 전략을 펼쳤습니다. 더불어 할리우드 영화와 대중매체에서도 웃는 표정을 긍정적이고 매력적인 것으로 묘사하기 시작했습니다. 결국 현대인에게 행복의 상징으로 여겨지는 미소는 우리의 통념과 달리 지난 몇백 년 사이에 등장한 것입니다.

표정과 감정에 관한 고정관념 부수기

미소를 짓지 말고 살자는 이야기는 물론 아닙니다. 하지만 적어도 표정에 관한 우리의 고정관념을 인식할 필요는 있습니다. 배럿은 아이들에게 감정을 가르칠 때는 본질주의적인 고정관념에 얽매이지 않도록 주의해야 한다고 당부합니다. 배럿은 행복하면 반드시 미소를 지어야 하고, 화가 나면 노려봐야 한다는 생각이 바로 본질주의적 고정관념이라고 지적합니다. 미소는 행복할 때 짓지만 당혹감이나 분노, 슬픔 등을 느낄 때도 나올 수 있다는 사실을 아이들이 이해하도록 도와야 한다는 것인데요. 배럿은 얼굴을 통해 감정이 표현된다는 무언의 가정이 깔린 '표정'이라는 단어를 대체하는 중립적인 용어로 '안면 배치*facial configuration*'를 제안합니다. 안면 배치(표정)와 관련하여 타인과 좋은 관계를 맺고 잘 유지하기 위해서는 두 가지를 기억할 필요가 있습니다.

첫째, 상대가 무표정하다고 해서 나에게 부정적인 감정을 가지고 있다는 식으로 섣불리 확신해서는 곤란합니다. 상대가 낯을 가려서 수줍어하거나 긴장했을 수도 있고, 단지 그게 편해서일 수도 있으며, 혹은 전혀 예상하지 못한 어떤 상황이 있을 수도 있죠. 배럿은 사람들이 얼굴만으로 감정이 드러난다고 믿는다면 심각한 오해와 부작용을 낳을 수 있다고 말합니다. 앞서 말했듯이 감정 표현 방식은 사람마다 다를 수 있습니다.

둘째, 그럼에도 사람들은 표정에 대한 고정관념을 가지고 있으며, 특히 미소와 웃음을 친절과 호의를 나타내는 신호로 여긴다는 사실을 이해해야 합니다. 그러면 내가 뭘 조심해야 하는지 알 수 있으니까요. 이와 관련하여 심리학자 로버트 프로빈이 1980년대에 진행한 연구는 흥미로운 통찰을 제공합니다. 프로빈은 대화 중에 나오는 웃음의 대부분은 농담이나 유머에 대한 반응이 아니며, 사회적 상호작용을 위한 신호임을 발견했습니다. 사람들은 많은 경우 상대방과의 연결과 교감을 위해 웃는다는 겁니다.

인위적으로 미소 짓기보다는
진심으로 웃는 상황을 만들어라

앞서 '미소'와 '웃음'은 언뜻 비슷해 보이지만, 서로 다른 진화적 동기를 가지고 있다고 이야기했습니다. 만약 타인을 의식해서 억지로 미소 짓는 게 아직 어색하다면, 적어도 자주 웃을 수 있는 기회를 만드는 게 좋습니다. 웃음은 스트레스를 완화하고 행복감을 끌어올리는 등 건강에 유익하다는 연구가 많습니다.

그렇지만 기분이 좋지 않은데 억지웃음을 지으라는 건 아닙니다. "행복해서 웃는 게 아니라 웃어서 행복하다"는 말을 하는 사람들도 있지만, 이와 상충하는 결과가 나온 연구도 있습니다. 억지웃음으로 인한 긍정적 정서는 매우 일시적이며, 때에 따라서는 불쾌감을 유발할 수도 있다고 합니다.

미소도 마찬가지입니다. 펜을 입에 문 채 입꼬리를 들어 올리거나 웃는 사진을 흉내내는 등 인위적으로 미소를 지으면 실제로 기분이 좋아진다는 실험은 대중매체에 많이 소개되어 널리 알려졌습니다. 이처럼 얼굴 표정이 감정에 영향을 미칠 수 있다는 이론을 '안면 피드백 가설*facial feedback hypothesis*'이라고 하는데요. 실험 참가자들에게 자신의 감정을 직접 묻는 식으로 이뤄지는 '자기보고식 검사'의 실험 결과는 일관성이나 신뢰도 측면에서 볼 때 한계가 있습니다. 사람마다 자기 인식 능력이 크게 다르며, 사회적으로 바람직한 방식으로 자신을 표현하려는 '사회적 바람직성 편향*social desirability bias*'이 있어서 감정을 왜곡할 수 있거든요. 설령 억지웃음과 인위적인 미소 짓기가 단기적으로는 기분 전환에 도움이 될 수 있다 하더라도, 장기적인 관점에서 보면 오히려 스트레스를 유발하는 등의 역효과를 낳을 수도 있습니다.

결론적으로, 진심으로 웃겨서 웃는 것이 좋습니다. 웃으면 뇌에서 엔도르핀이 생성되는데 그 덕분에 편안함을 느끼고, 통증의 역치가 높아져서 통증을 덜 느낍니다. 웃음이 면역계에 긍정적인 영향을 준다는 연구 결과도 있습니다. 코미디 프로그램을 보면서 혼자 깔깔 웃는 것도 좋지만, 다른 사람과 함께 웃는다면 서로 더 깊은 유대감을 느낄 수 있습니다. 그러니 평소에 재미있는 경험을 자주 하고, 나를 웃게 하는 사람들과 즐거운 시간을 보내면 어떨까요?

미소 짓기에 대한 고정관념에 균열을 낸 배럿의 사진을 인터넷에서 찾아보니 미소 지은 사진이 대부분이었습니다. 표정(안면 배치)에 관한 일반인들의 고정관념을 이해하되 너무 얽매이지 않고 유연해질 수 있을 때, 우리는 타인의 세계를 진심으로 품을 수 있을 겁니다.

인정받고 싶은 욕구와
이해받고 싶은 마음은 다르다

'인정받고 싶은 마음'과 '이해받고 싶은 마음'. 언뜻 비슷하게 보이지만, 약간 다른 마음입니다. 인정받고 싶은 마음은 외모나 직업, 사회적 지위처럼 내가 갖고 있는 속성이나 이룬 성과를 타인이 높이 평가해주길 바라는 것입니다. 반면, 이해받고 싶은 마음은 나의 진정한 생각과 감정을 타인이 오해 없이 해석해주고 공감해주길 바라는, 진실한 소통을 하고 싶은 바람입니다.

인정욕구를 비교적 많이 내려놓은 편이라고 생각하는 제 안에도 이해받고 싶은 마음은 늘 있었던 것 같습니다. 한편으로는 다른 사람들이 저를 잘 이해하지 못할 거라는 모종의 체념이 공존했었고요. 그런 마음 때문인지, 웬만해선 남들에게 깊은 속얘기를 잘 안 하는 과묵한 사람이 된 것 같기도 합니다. 제 안에 이런 관념이 뿌리내린 원인이 무엇인지 생각해본 적이 있습니다. 어디까지나 짐작이지만, 아마도 제가 우리 사회에서 '다수'로 통하는 삶의 방식과는 조금 다른 궤적을 그려왔기 때문인 것 같습니다. 어느 순간부터 저는 스스로를 소수자라고 인식했습니다. 이런 자기 인식이 어느 정도 일리가 있다고 생각하는 이유가 있는데요. 상위 1% 이내의 지능지수를 지닌 저는 어릴 때부터 학교 성적은 좋은 편이었습니다(저의 지능을 굳이 언급하는 건 독자 분들의 이해를 돕기 위함입니다). 20여 년간 국제수학올림피아드 한국대표단을 이끈 송용진 교수는 《영재의 법칙》에서 최적지능지수(IQ 115~125)를 벗어난 고지능자들은 오히려 학업 능력이 떨어질 수 있으며, 고도영재나 희귀영재는 크든 작든 정서적·사회적 적응 문제를 갖게 된다고 설명합니다. 이를 방증하듯, 저 역시 사춘기에 접어든 후부터 현대의 의무교육 시스템에 깊은 회의를 느꼈습니다. 저는 '나다움'이라는 용어가 유행하기 훨씬 전부터 나만의 고유한 길을 모색하고 싶었던 것 같습니다. 영국 교육학자 켄 로빈슨은 산업혁명에 뿌리를 둔 오늘날 학교 교육의 목표는 창조적인 사상가를 양성하는 것이 아닌, 취업을 해서 임금노동자로 살아가도록 설계되어 있다고 비판했습니다. 저는 그런 삶을 살고 싶지 않았습니다.

타인의 삶을 이해하지 못하는 사람들

어린나무는 거친 바람을 겪을수록 더 굳건한 나무로 자란다고 합니다. 반면, 온실 속에서 곱게 자란 어린나무는 충분히 자라기도 전에 자신의 무게에 눌려 쓰러질 수 있습니다. 이는 세계적인 경제학자이자 철학 에세이스트 나심 탈레브가 제시한 '안티프래질*Antifragile*'이라는 개념과 닿아 있는데요. 불확실성과 스트레스를 겪을수록 약해지는 게 아니라 오히려 더 강해지고 성장하는 능력을 일컫는 말입니다.

사람도 그렇습니다. 어릴 때부터 적당한 수준의 좌절과 실패, 스트레스 인자에 노출되었던 아이는 불안과 두려움에 대한 내성을 얻어 결과적으로 튼튼한 어른으로 자랍니다. 하지만 사랑이라는 이름으로 과잉보호를 받으며 자란 아이는 심리적 면역계가 취약할 가능성이 높습니다. 부모님의 관심과 애정을 독차지한 늦둥이 막내였던 제가 그런 케이스였는지도 모르겠습니다. 유약함이 저의 10대 시절을 집어삼키고 말았으니까요. 그 무렵 정신과에서 처음으로 우울증을 진단받았습니다.

저는 뒤늦게 예술가가 되고 싶다는 내면의 목소리를 듣고 음악의 길을 걷기 시작했습니다. 학창 시절 내내 예체능 과목 중에서 미술을 좋아하고 음악을 싫어했던 저로선 새로운 도전이었습니다. 직접 음악을 공부하고 창작하는 동안 이 일에 진정한 열정을 느낀다는 사실을 깨달았습니다.

사람들은 보통 '하고 싶은 일'과 '좋아하는 일' 중에서 뭘 해야 할지 고민하는 경우가 많은데요. 저는 오히려 과거에는 좋아하지 않았던 일을 해보면서 전에는 몰랐던 저의 잠재력을 발견하고, 그게 업이 될 만큼 매료된 경우가 종종 있었습니다. 현재 좋아하는 '글쓰기'도 어릴 때는 흥미가 없었죠. 어쩌면 제가 진정으로 좋아하는 일이란, 과거에 좋아하지 않았던 분야를 새롭게 사랑하게 되는 과정 자체인 것 같다고 생각한 적도 있었습니다.

삶의 궤적이 남들과 다르다 보니, 우리 사회에서 보편적으로 통하는 길에서 벗어난 저를 선뜻 이해하지 못하는 사람들을 마주할 때가 있었는데요. 제 선택을 굳이 타인에게 해명해야 할 이유는 없었지만, 그런 상황이 불편했던 것도 사실입니다. 물론 우리가 누군가를 온전히 이해한다는 건 애초에 불가능에 가까운 일인지도 모릅니다. 서로를 오해하는 것이 인생이며, '오해'가 살아 있음의 방증이라던 미국의 소설가 필립 로스의 말처럼요.

누군가를 이해하고, 그 이해를 초월하는 삶에 대해

그렇다고 타인이 나를 이해하건 말건 아예 신경 쓰지 않고 살아갈 수는 없습니다. 사회적 동물인 우리는 살아가기 위해서 타인으로부터 최소한의 이해를 받아야 사회적인 숨을 쉴 수 있으니까요. 세상에서 나를 제일 잘 이해하는 존재는 나 자신일지도 모르지만, '타인의 이해' 또한 우리 삶에서 도외시할 수는 없습니다. 결국 어떻게 균형을 잡을 것인가 하는 문제가 나오죠. 이 미묘한 밸런스를 찾기 위해 다음 세 가지를 상기할 필요가 있습니다.

1. 나 역시 타인을 온전히 이해할 수는 없다

사람들이 나를 이해하지 못한다는 생각에 매몰되면 크게 두 가지 측면에서 위험합니다. 첫째, 피해의식에 사로잡혀 공연히 위축될 수 있습니다. 둘째, 내가 타인을 온전히 이해하지 못한다는 사실을 간과한 채 이른바 '내로남불'에 빠질 수 있습니다. 우리는 종종 상대방이 내 마음을 이해해주지 않는다고 섭섭해하곤 합니다. 하지만 돌아보면 나 역시 상대의 마음을 온전히 헤아리지 못할 때가 있을 겁니다. 우리는 모두 자기만의 렌즈로 세상을 바라볼 수밖에 없으니까요.

이와 관련해서 뉴욕 바드대학의 비교문학 교수인 마리나 반주일렌은 《평범하여 찬란한 삶을 향한 찬사》에서 누군가의 인생을 한 편의 소설처럼 바라보면 도움이 될 거라고 말합니다. 그렇게 바라보면, 모든 인간의 초상은 어림짐작일 뿐이며 전체 중 일부로써 더 큰 잠재력의 한 단면임을 깨달아 '존재의 이해할 수 없음'을 예찬할 수 있다는 겁니다. 그 누구도 타인을 온전히 이해할 수 없다는 사실을 겸허히 수용한다면, 역설적으로 우리는 모두 그렇게 다르지 않은 존재라는 사실도 인정할 수 있을 겁니다.

2. 세상에서 나를 가장 잘 이해해야 하는 사람은 나 자신이다

사람들은 대체로 자기 자신에 대해 그 누구보다 잘 안다고 자부하는 경향이 있습니다. 그러나 우리가 자기 자신에 대해 아는 것보다 오히려 주변 사람들이 더 정확하게 평가할 수도 있다는 연구도 있습니다. 타인은 내가 미처 보지 못한 내 안의 사각지대를 볼 수 있기 때문입니다. 그런 의미에서 자기 자신에 대한 이해도를 높이기 위해 제3자의 도움을 구할 필요는 있습니다. 그렇다고 자기 이해를 전적으로 남에게 맡길 수는 없습니다. 결국, 세상에서 나를 가장 잘 이해해야 하는 존재는 자기 자신이니까요. 태어나서 죽을 때까지 매 순간 나와 함께하는 유일한 존재인 나 자신에 대한 이해가 깊어질수록 타인으로부터의 이해를 덜 갈망하게 됩니다. 세상에서 제일 친한 친구를 대하듯 자기 자신과 끊임없이 대화해야 하는 이유입니다.

3. 대상을 온전히 이해할 수 없어도 사랑할 수는 있다

어떤 대상을 완벽하게 이해하는 건 어려워도 사랑할 수는 있습니다. 가령 고양이가 좁디좁은 상자에 들어가 몸을 말거나 갑

자기 드러누워서 배를 드러내는 건 인간의 시선에서는 이해하기 어려운 행동이지만, 그와 별개로 고양이는 사랑스럽습니다. 이처럼 우리는 대상을 온전히 이해할 순 없어도 열린 마음으로 교감하며 가슴으로 품을 수는 있습니다.

인간관계도 마찬가지입니다. 상대를 완벽하게 이해하지는 못해도 사랑과 존중의 자세로 다가가 진심을 나누는 교감은 할 수 있습니다. 에리히 프롬이 《사랑의 기술》에서 강조했듯이, '사랑'에 이르기 위해서는 상대방에게 환상이나 편견을 가지지 않고 객관적인 시선으로 바라보려는 노력이 필요합니다. 이것이 진정한 사랑을 위한 출발점이자 전제조건입니다.

가수 아이유의 〈Love wins all〉이라는 노래를 좋아합니다. '사랑은 모든 것을 이긴다'라는 이 표현은 고대 로마의 유명한 격언인 라틴어 'Amor vincit omnia'에서 유래했습니다. 사랑의 힘은 강력합니다. 인정 욕구와 별개로 우리가 타인에게 이해받고 싶어하는 이유는 결국 사랑받고 싶기 때문이지 않을까요? 애덤 스미스는 《도덕감정론》에서 본래 인간은 사랑받고 싶어할 뿐 아니라 사랑스러운 존재가 되고자 한다고 말했습니다. 사랑받고 사랑스러운 존재가 될 때 행복을 누릴 수 있다고도 했죠. 그렇다면 우리가 도달해야 할 궁극적인 지점은 사상과 언어를 초월하는 적극적 행위인 '사랑'이지 않을까요? 누군가의 사랑을 받고 싶다면, 내가 먼저 사랑을 주는 것에서부터 시작해야 합니다.

좋은 관계를 위해
필요한 세 가지 능력

타인과 관계 맺는 방법은 자전거 타는 걸 배우는 것과 비슷한 것 같습니다. 자전거를 타다 넘어졌을 때 무릎에 생기는 상처처럼 인간관계에서도 여러 가지 상처를 받지만, 중심을 잡는 법을 배워가면서 점차 균형을 찾게 됩니다. 우리는 어린 시절부터 다양한 사람과 상호작용하고 갖은 시행착오를 겪으면서 사회에서 통용되는 인간관계의 규칙을 내면화합니다. 이런 경험이 반복되면서 대인관계 기술을 체화하고, 무의식적으로도 발휘할 수 있게 되는 거죠.

건강한 관계를 만들고 유지하는 데는 많은 연습이 필요합니다. 두발자전거를 배우는 것보다 훨씬 더 많은 시간이 필요합니다. 초반에는 서툴고 힘들더라도, 필요한 능력들을 충분히 익히고 나면 자연스럽게 좋은 관계를 이어갈 수 있습니다. 아무리 오랫동안 자전거를 타지 않아도 다시 탈 때는 무의식적으로 페달을 밟으며 중심을 잡을 수 있는 것처럼요. 사람에 따라 타고난 능력은 다르지만, 타인과 관계를 맺는 사회성은 성장 과정에서 후천적으로 충분히 계발할 수 있습니다. 그렇다면 우리가 다른 사람들과 건강한 관계를 맺기 위해 반드시 갖춰야 할 능력은 무엇일까요? 크게 세 가지 자질이 필요합니다.

1. 상대의 마음을 읽고 헤아리는 '멘탈라이징'

타인과 좋은 관계를 맺으려면 대화가 필요합니다. 대화하지 않으면 아무리 자주 보는 사이더라도 좋은 관계로 나아가기 어렵겠죠. 대화를 잘한다는 것은 단순히 말을 잘한다는 뜻이 아닙니다. 발언권을 독점해 일방적으로 말을 많이 하는 것도 아닙니다. 스스로 대화의 중심이 되기보다는 상대의 말을 잘 경청하고, 자칫 분위기를 해칠 수 있는 부적절한 표현을 하지 않도록 주의해야 합니다. 상대가 흥미를 느낄 만한 주제를 제시할 줄 알아야 합니다. 대화를 잘하는 사람들은 상대의 말을 듣고 혼자 넘겨짚어서 곡해하지 않고, 그 말 속에 담긴 숨은 맥락까지 포착해서 상황에 맞는 배려를 할 줄 압니다.

인간이 타인과 대화를 잘할 수 있는 이유는 상대의 마음속으로 들어갈 줄 알기 때문인데요. 이때 필요한 고차원적 인지 능력이 바로 타인의 마음을 읽고 헤아리는 '멘탈라이징'입니다. 멘탈라이징은 독심술 같은 초능력이 아니라, 마음의 작동 방식에 대한 일반 이론을 바탕으로 하는 정교한 추론입니다. 다른 사람이 바라보는 세상과 내가 바라보는 세상이 다를 수 있다는 사실을 이해하는 '마음 이론'과 연관된 개념이죠. 인간은 만 3~5세 정도가 되면 마음 이론을 획득한다고 알려져 있습니다. 이때부터 자신이 알고 있는 것과 타인이 알고 있는 것을 구별할 수 있게 됩니다.

다른 사람의 마음을 읽고 그들의 행동 이면에 있는 동기를 헤아리는 멘탈라이징 덕분에, 인간은 복잡한 사회적 네트워크를 구축하고 타인에게 공감하며 그들과 깊이 있는 우정을 나눌 수 있습니다. 종교를 만들고, 과학을 탐구하고, 소설과 영화 같은 허구의 이야기를 창작하고, 농담을 즐기며 대화를 나눌 수 있을 뿐 아니라, 능수능란하게 거짓말을 할 수 있게 된 것도 멘탈라이징 능력 덕분입니다.

멘탈라이징 능력이 뛰어난 사람들은 상대의 의도를 잘 파악합니다. 덕분에 상황에 맞게 관계의 거리를 유연하게 조절합니다. 이들은 '감정이입'에 해당하는 정서적 공감도 잘할 뿐 아니라 '역지사지'라 불리는 인지적 공감 능력도 잘 발달되어 있습니다. 이러한 능력 덕분에 누군가와 불가피하게 갈등이 생겼을 때도 상대의 마음을 잘 헤아려 현명한 해법을 제시할 수 있습니다.

2. 자신의 충동과 욕심을 통제하는 '자제력'

사람은 누구나 이기심을 가지고 있죠. 나에게 이득이 되는 것을 가지려는 욕망을 들여다보면, 잘 살고자 하는 생존 본능이 내재하고 있음을 알 수 있습니다. 그렇다고 인간을 '이기적인 존재'라고 못 박아 규정지을 수는 없습니다. 내면에는 이타심도 존재하기 때문입니다. 이기심과 이타심 사이에서 자신의 욕망을 조절하는 능력이 사람마다 다를 뿐이죠.

여러 사람과 함께 피자를 나눠 먹는 상황에서 욕심을 절제하지 못하는 사람일수록 더 많은 피자를 독차지하려고 합니다. 이렇게 혼자 더 많은 이득을 취하려는 행위는 갈등을 증폭시키고 관계의 균형을 깨트려 고립을 자초하기 쉽습니다.

그런데 공평하게 나누어 먹으려는 사람도 분명 있습니다. 혼자 이득을 독차지하기보다는 모두 골고루 나눠 가질 수 있도록 배려함으로써 상대방과 신뢰를 쌓고 호혜적인 관계를 구축할 줄 아는 거죠. 이런 사람들에겐 자신의 욕심과 충동, 감정 등을 상황에 맞게 적절히 통제하는 능력인 '자제력'이 있습니다. 단순히 자신의 감정을 억누르는 것이 아니라, 상대방과의 관계나 상황을 두루 살피면서 감정과 행동을 조절하고 적절하게 표현하죠. 자제력이 뛰어난 사람일수록 단기적 유혹에 흔들리지 않고 장기적 관점에서 스스로를 통제할 줄 압니다. 화가 나더라도 즉각 표출하기보다는 마음을 가라앉히고 상황을 객관화하여, 화를 나게 한 상대방의 처지를 이해해보려고 노력합니다.

애덤 스미스는 《도덕감정론》에서 자제력을 중요한 미덕으로 다루었습니다. 그는 우리가 어떤 행위를 하거나 감정을 느낄 때, 머릿속에서 공정하고 객관적인 제3자의 시선, 즉 '공정한 관찰자'를 상정한다고 보았는데요. 자기 자신을 제3자의 시선으로 바라볼 수 있는 능력 덕분에 타고난 충동이나 감정을 억제하고, 사회적으로 바람직한 방식으로 행동한다는 겁니다.

그렇다면 건강한 자제력을 지닌 사람들은 어떤 특징이 있을까요? 이 사람들은 무작정 상대의 환심을 사기 위해 비위를 맞추려 하기보다는 상대에게 실수를 하지 않는 데 마음을 쓸 줄 압니다. 선을 넘는 실언을 한다거나 약속을 어기는 등 상대방이 실망하는 일을 최소화하는 거죠. 함께 있을 때는 상대에게 진심 어린 관심을 쏟으며 즐거운 시간을 보내지만, 만나지 않을 때는 자기 삶에 집중합니다. 의도하진 않았을지라도 이런 태도는 자연스럽게 관계에서 밀고 당기기의 효과를 줄 수 있는데요. 자제력을 지닌 사람들은 인간관계에 갈증이 있다는 인상을 주지 않아서 상대방의 입장에서는 여유 있고 매력적으로 보입니다.

3. 상대를 있는 그대로 품어주는 '따뜻함'

우리는 누군가를 만날 때 겉으로 드러나는 상대방의 모습에서 '내가 다가가도 될 것인가, 아니면 다가가지 말고 거리를 둘 것인가'를 본능적으로 판단합니다. 만약 상대가 잘 웃거나 호의적인 리액션처럼 흔히 '따뜻함'으로 인식되는 말과 행동을 한다면, 우리는 그를 잠재적 동료로 인식합니다. 따뜻한 사람은 무해하고 내 편이 될 가능성이 높다고 느끼는 것이죠.

미국 로완대학교 쿠퍼 의대 교수인 앤서니 마자렐리와 스티븐 트리지악은 《삶이 고통일 땐 타인을 사랑하는 게 좋다》에서 가장 악질적인 사람은 겉으로는 우호적으로 굴면서 속으로는 철저히 이기적인 사람이라고 했습니다. 사람의 겉모습만 보고 섣불리 판단해서는 안 되는 이유입니다. 내 앞에서는 한없이 친절하고 다정해 보이지만, 실은 은밀하게 타인을 기만하고 조종하는 사람도 있으니까요.

우리는 보통 '우호성'과 '타인 중심성'이 동일한 개념이라고 생각하는 경향이 있습니다. 타인 중심적인 사람일수록 더 우호적일 것이고, 그 반대도 성립할 거라고 가정하는 것이죠. 그러나 애덤 그랜트에 따르면 우호성과 타인 중심성 사이에는 신뢰할 만한 상관관계가 없습니다. 타인 중심적인 기버*giver*라고 해서 언제나 우호적인 태도를 보이는 건 아닐 수 있으며, 반대로 테이커*taker*임에도 겉보기에는 우호적일 수 있다는 이야기입니다.

진정으로 타인 중심적인 사람들 중에서는 의외로 우호성이 높아 보이지 않는 경우도 있습니다. 상대에 대한 따뜻한 진심을 품고 있지만, 겉으로 전부 표현하지 않는 사람들도 있을 테니까요.

애덤 그랜트가 말했듯이, 이런 부류의 사람들은 티가 잘 나지 않기 때문에 집단에서 저평가되거나 종종 오해받기도 합니다. 하지만 이들은 대외적인 인기에 연연하지 않고 누구보다 진실하기에 우리에게 꼭 필요한 존재입니다.

이런 관점에서 보면, '진정한 따뜻함'은 단순한 우호성보다는 타인 중심성에 더 가까운 개념입니다. 상대를 있는 그대로 품어주는 '따뜻함'을 행하기 위해서는 앞서 언급한 두 가지 능력인 '멘탈라이징'과 '자제력'이 모두 필요한데요. 상대방의 입장에 서서 마음을 잘 헤아리되 나의 욕구를 적절히 조절할 줄 알아야 있는 그대로 상대를 품어주는 따뜻한 마음이 빛을 발할 수 있기 때문입니다.

수년 동안 타지 않은 자전거를 꺼낼 때가 있습니다. 어린 시절 몸으로 익힌 중심 잡기와 페달 밟기는 오랜 시간을 뛰어넘어 자연스럽게 되살아나죠. 관계 역시 마찬가지입니다. 때로 실망하거나 상처를 받더라도 따뜻함과 배려가 몸에 배어 있다면, 결국 관계의 균형을 다시 잡을 수 있습니다.

밖을 보는 사람은 꿈꾸고, 안을 보는 사람은 깨어난다.

칼 구스타프 융

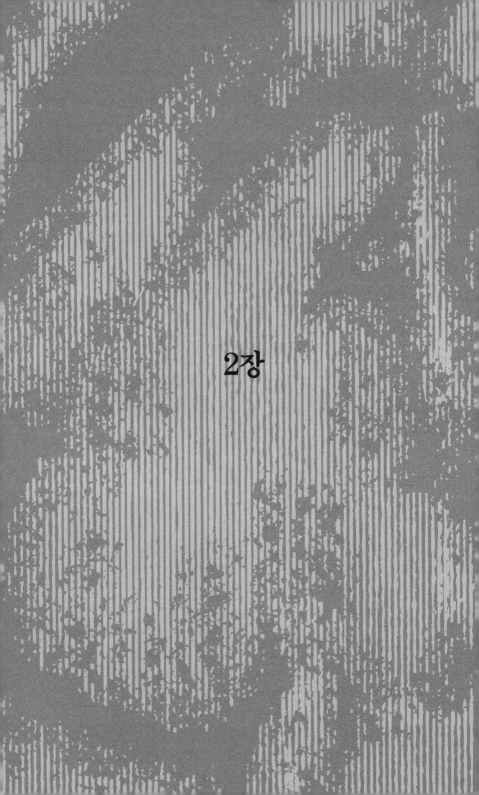

2장

오해를 부르지 않는
소통의 공식

진실과 진심이 조화로운
건강한 커뮤니케이션

1936년에 출간된 데일 카네기의 《인간관계론》은 시대를 초월해 지금도 전 세계 독자의 사랑을 받는 자기계발서의 고전입니다. 카네기의 통찰은 지금도 대부분 유용하지만, 현대 사회의 맥락에 맞게 재해석이 필요한 부분도 있습니다.

카네기가 제안한 전략 중 '미소 짓기'를 예로 들어보죠. 진정성 있는 미소나 진짜 웃음은 여전히 강력한 소통의 도구이지만, 상대의 환심을 사기 위해서 맥락 없이 무분별하게 짓는 미소는 호감은커녕 가식적으로 비칠 수 있으니 주의해야 합니다. 미국심리학회가 인정한 20세기의 영향력 있는 심리학자 중 한 명인 폴 에크먼은 《텔링 라이즈》에서 실제로 느끼는 감정을 막을 수는 없더라도 감출 수 있는 방법이 있다고 했는데요. 다름아닌 미소를 지어 감정을 위장하는 것입니다. 이런 이유로, 예리한 직관력을 갖춘 사람들은 연출된 미소를 볼 때 상대가 무언가를 숨기고 있다는 불편한 느낌을 받을 수 있습니다.

《인간관계론》이 출간된 시절에 비하면 세상이 많이 달라졌습니다. AI 기술 발달로 내 얼굴과 목소리, 내가 쓰는 문체를 마음만 먹으면 얼마든지 복제할 수 있는 시대입니다. 우리는 어제까지는 진실로 받아들여졌던 명제가 오늘은 거짓으로 판명될 수 있는 사회에 살고 있습니다. '진짜 같은 가짜'가 판치는 세상을 살아가는 현대인은 더욱 정확하고 신뢰할 수 있는 정보를 원합니다. '그럴싸한 가짜'가 활개를 치는 이유는 그것에 대한 수요가 실제로 있기 때문일지도 모르지만, 그만큼 '진짜'는 상대적으로 희소해지죠. 그래서 '진짜'와 '진실'은 그 자체로 윤리적 우위를 점하기도 하는 동시에 실질적인 경제적 가치를 창출하기도 합니다.

미국의 진화생물학자 로버트 트리버스는 《우리는 왜 자신을 속이도록 진화했을까》에서 속이는 사람과 속는 사람은 서로 적응 형질을 계속 개선해나가는 공진화*co-evolution* 경쟁에 얽매여 있으며, 지능은 그런 적응 형질 가운데 하나라고 말합니다. 또한 속임수를 간파하는 능력과 속임수를 성공시키는 능력이 지능의 진화를 추진한 주요 힘이었다는 증거는 명백하며 압도적으로 많다고 주장합니다.

'진심 없는 진실'은 상처를 남기고, '진실 없는 진심'은 공허하다

사회적으로 성공하기 위해 겉으로만 진심인 척하는 '속이는 자'가 늘어날수록, 이들의 기만을 간파하고 진실을 구별하려는 '속는 자'의 능력도 더불어 발전합니다. 사람들이 현명해지고 있는 만큼 인간관계에서 '진실'과 '진심' 사이의 균형을 맞추는 것이 중요해졌습니다. 진실과 진심은 언뜻 비슷해 보이지만 의미가 다른데요. 진실_truth_은 객관적인 사실_fact_에 기반하거나 보편적 가치와 신념 체계에서 '참'으로 여겨지는 것을 의미합니다. 진실하다는 것은 언행에 거짓이나 과장이 없고 기만하지 않는다는 것이죠. 반면, 주관적 감정에 바탕을 둔 진심_sincerity_은 자신의 내면에서 우러난 감정과 의도를 말과 행동으로 진정성 있게 표현하는 것을 뜻합니다.

저는 '진심 없는 진실'은 상처를 남기고, '진실 없는 진심'은 공허하다고 표현합니다. '진실 없는 진심'이 뭘까요? 진심인데 진실이 없다니, 언뜻 모순적으로 느껴지죠? 세상에는 진심을 다해 진실이 아닌 '헛소리'를 하는 사람들도 있습니다. 미국의 철학자 해리 G. 프랑크푸르트는 《개소리에 대하여》에서 이를 '개소리_bullshit_'라고 정의합니다. 그는 거짓말과 달리 '개소리를 하는 사람'은 진실에 아무런 관심이 없으며, 오로지 자신의 이익과 명성을 위해 말한다고 했는데요. 거짓말쟁이는 적어도 진실을 알고 숨기는 반면, 개소리쟁이는 애초에 진실 자체를 무시한다는 겁니다. 세상에는 겉으로는 호의를 베풀면서도, 속으로는 오직 자신의 이익만 좇는 이들이 있습니다. 그들에게 '진심'이란 자신의 욕망을 충족하기 위해 상대를 교묘히 현혹하는 술수에 불과합니다. 물론 항상 부정적인 경우만 있는 것은 아닙니다. 상대방을 위한 선의의 거짓말도 '진실 없는 진심'에 해당합니다. 이를테면 진심으로 상대를 위로하고 싶은 마음에 불편할 수도 있는 진실을 은폐하는 경우입니다.

그런데 상대방이 나의 비위를 맞추려고 진실이 결여된 태도를 보일 때, 우리는 불편함과 더불어 경계심을 느끼기도 합니다. 아첨과 경계가 모호한, 입에 발린 칭찬만 난무하고 피상적인 이야기만 오가는 대화 속에서 상대는 분명 내게 시종일관 환하게 미소 짓고 있건만 직감적으로 위화감을 느끼는 것이죠. 이런 이유로 카네기가 살던 시대의 처세술이 오늘날, 특히 이성과 직감이 균형 있게 발달한 현대인에게는 잘 통하지 않을 수도 있습니다.

조직 심리학자 애덤 그랜트는 '나이스*nice*'와 '카인드*kind*'를 구별하며, 겉으로는 호의적으로 보여도 친절한 것이 아닐 수 있다고 말합니다. '나이스'가 자신의 이득을 위한 연출이라면, '카인드'는 상대방을 위한 배려입니다. 그러므로 상대가 듣고 싶어 하는 나이스한 피드백을 건네는 것, 즉 '예쁜 말'이 반드시 '친절한 말'은 아니라는 겁니다. 진정한 친절은 상대가 더 잘할 수 있도록 꼭 필요한 말을 해주는 겁니다. 정직함이야말로 상대에 대한 배려이자 친절인 것이죠. 노자도 《도덕경》에서 비슷한 말을 남겼습니다. 신언불미 미언불신信言不美 美言不信, 즉 진실한 말은 아름답지 않고, 아름다운 말은 진실되지 않다는 겁니다. '진실 없는 진심'이란 노자의 말을 빌리자면 '신언(진실한 말)'이 아닌 '미언(아름다운 말)'이라고 할 수 있습니다.

그렇다면 '진심 없는 진실'은 어떨까요? 이른바 '팩트 폭행'은 상대에 대한 배려는 전혀 없이 오로지 사실만 앞세워 일방적으로 몰아붙이는 태도를 가리킵니다. 팩트 폭행을 하는 사람은 자신의 옳음을 증명하기 위해 진실이라는 이름으로 상대의 자존감에 깊은 상처를 남깁니다. 이처럼 솔직함과 무례함을 구별하지 못하는 언행은 진실을 가장한 정신적 폭력이 될 수도 있으니 주의해야 합니다.

진실과 진심 중 어느 한쪽만 강조해서는 건강한 소통이 이뤄지기 어렵습니다. 진실 없는 진심은 공허한 울림에 그치고, 진심 없는 진실은 예리한 칼날이 되어 마음에 깊은 상처를 남깁니다. 진실과 진심 사이에 건강한 조화가 중요한 이유입니다.

상대에 대한 존중과 배려의 마음을 바탕에 두되, 필요한 순간에는 진솔한 목소리를 내는 용기를 내봅시다. 때로는 쓴소리도 필요하지만, 그런 말조차도 상대에 대한 존중과 연민에서 우러나

와야 합니다. 대화를 잘하는 사람들은 진실과 진심 사이의 섬세한 균형을 잘 유지합니다.

진실과 진심이 조화를 이루는 방법

건강한 커뮤니케이션을 위해서는 진실을 전하되 배려를 잃지 않고, 진심을 나누되 분별력을 잃지 않아야 합니다. 일상에서 실천할 수 있는 진심이 조화를 이루는 대화법을 살펴봅시다.

1. 공감적 경청으로 상대에게 스포트라이트 비추기

말을 잘하는 사람이 필요에 의해 말을 많이 할 수는 있겠지만, 단순히 말이 많다고 해서 말을 잘하는 건 아닙니다. 아울러 말을 잘한다고 대화를 잘하는 것도 아닙니다. 상당한 달변이지만 정작 일대일 대화에서는 자기중심적인 말하기 태도로 상대에게 피로감을 주는 경우도 있죠. 자기중심성이 강한 사람들은 상대방의 말을 경청하기보다 언제나 대화의 중심에 서려는 경향이 있습니다.

반면, 대화를 매력적으로 이끄는 사람들은 스포트라이트를 자신이 아닌 상대방에게 비출 줄 압니다. 이들은 단순히 상대의 말을 수동적으로 듣는 것이 아니라, 상대방의 입장에서 감정과 의도, 욕구를 이해하고 적절히 반응하는 '공감적 경청'을 합니다.

상대방의 말을 내가 잘 듣고 있다는 것을 보여주기 위한 좋은 방법이 있습니다. 상대에게 들은 말을 나의 언어로 바꾸어 표현한 뒤, 내가 제대로 들었는지 다시 질문해보는 겁니다. 또한 상대방의 의도를 혼자 넘겨짚지 말고 내가 이해한 게 정확한지, 혹시 오해하고 있는 부분은 없는지 상대에게 물어서 확인하는 것도 좋습니다.

핵심은 상대방의 말을 앵무새처럼 반복하는 것이 아니라, 내가 지금 상대방의 생각과 감정을 이해하려고 노력하고 있음을 보여주는 데 있습니다. 이는 상대방의 말에서 감정과 욕구라는 '진실'을 읽고 나의 따뜻한 '진심'을 전달하는, 즉 '진실'과 '진심'이 조화를 이루는 소통이라고 할 수 있습니다.

실천 방법

반복과 확인
상대방의 말을 들은 후 자기 언어로 바꿔 표현하며 "이렇게 생각하신다는 말씀이시죠?"라고 묻고 확인합니다.

감정 이해
"그렇게 느끼셨다면 정말 힘드셨겠어요"처럼 상대방의 감정을 인정하는 표현을 합니다.

질문하기
"그 부분에 대해 더 자세히 말씀해주실 수 있을까요?"라고 질문하여 깊이 있는 대화를 유도합니다.

2. 사실과 의견을 구분하여 표현하기

의외로 사실*fact*과 의견*opinion*을 구별하지 못하는 경우가 있습니다. 물론 철학적으로 깊이 파고들면 이 세상에 절대적인 사실이란 게 과연 존재할까 하는 의구심을 가질 수 있습니다. 하지만 적어도 일상생활에서 우리가 '사실'이라고 하는 것은 객관적인 증거에 기반한 진술을 의미합니다. '달은 지구의 위성이다', '1+1=2'처럼 사실은 관찰과 실험을 통해 검증 가능하며 동일한 조건에서 누구나 동일하게 받아들일 수 있는 내용을 말합니다.

'의견'은 사람마다 다를 수 있는 해석이나 감정입니다. 사실과 의견을 구별하지 않고, 개인적인 의견을 마치 객관적인 사실인 양 주장하는 화법은 피로감과 불쾌감을 줄 수 있습니다. 예를 들어 '특정 지역 출신 사람들은 전부 어떤 특징을 가지고 있다'라는 편향을 마치 객관적으로 검증된 사실인 양 확신에 차서 말하는 경우입니다. 편견을 가진 건 개인의 자유지만, 어디까지나 자신만의 의견임을 알아차려야 합니다. 내 의견을 객관적인 사실처럼 과장하고 왜곡해서 전달하지만 않아도 인간관계 속 오해와 갈등이 많이 줄어듭니다.

'객관적 사실'과 '사실이라고 믿는 나의 의견'을 구별할 수 있어야 합니다. 이런 태도는 나보다 정보가 아직 부족한 상대방을 기만하려 들지 않는 양심과 스스로 정직한 사람이 되고자 하는 의지에서 비롯된다고 생각합니다.

실천 방법

표현 분리
"내 생각에는…", "제가 느끼기에는…"과 같은 표현으로 자신의 의견임을 명시합니다.

객관적 정보 제시
정확한 데이터나 자료 출처를 밝히며 '사실'과 (사실이라고 믿는 나의) '의견'을 구분합니다.

편견 자제
일반화된 표현보다는 구체적인 사례를 들어 설명합니다.

3. 비판할 때는 가급적 대안도 함께 제시하기

비판할 때 언제나 대안을 제시해야 한다는 뜻은 아닙니다. 당장 대안은 없더라도 비판 그 자체로도 의미가 있는 상황도 있을 테니까요. 하지만 강한 바람 앞에서 저항감을 느끼는 게 사람의 본능이기에 대안 없는 비판으로는 상대방의 마음을 움직이기는 어렵습니다. '비판'과 '비난'은 다르지만, 인간은 감정의 동물이다 보니 대안 제시가 없는 비판이 비난처럼 들릴 때도 있죠. 따라서 진심으로 조언하고자 한다면, 비판과 더불어 건설적인 대안을 제시할 필요가 있습니다. 예를 들어 "이 보고서는 가독성이 떨어져서 문제가 많아"라고 말하기보다는 "가독성을 개선하려면, 그래프나 표로 시각화하는 방법을 써보는 건 어때? 함께 샘플을 만들어볼까?"라고 하는 겁니다. 어쩌면 비판을 하는 본인 역시 마땅한 대안이 아직 없을지도 모릅니다. 그렇다면, 적어도 상대방을 아끼는 마음으로 함께 해결책을 찾아보려는 노력을 하는 것이 좋습니다. 핵심은, 상대를 비판함으로써 자신의 지적·도덕적 우월감을 충족하려는 의도가 아닌, 상대를 진심으로 위하는 마음을 품고 돕는 것입니다.

실천 방법

구체적인 피드백 제공
무엇이 문제였는지 구체적으로 친절하게 설명합니다.

대안 제시
개선할 수 있는 방법이나 아이디어를 함께 제공합니다.

격려와 지원
"함께 해결해보자", "내가 도울 수 있는 부분이 있을까?"와 같이 협력의 의지를 보여줍니다.

인간관계에서 불필요한 오해를
줄이기 위한 세 가지 생각들

언젠가 지인과 문자로 이야기를 나누고 있었습니다. 그분이 하는 말에 생략된 내용이 많아서 저는 좀 더 명확하게 설명해달라고 요청했습니다. "어떤 의미인지 구체적으로 말해줄 수 있을까요?" 라는 식으로 말이죠. 그런데 그분은 갑자기 저에게 "저한테 화났어요?"라고 물었습니다. 대화의 맥락상 뜬금없는 반응이라 의아했습니다. 저는 전혀 화가 나지 않았고, 그저 상대의 말뜻을 알고 싶었을 뿐이었거든요. 화나지 않았음을 거듭 밝혔지만, 그분은 자신이 혼나는 기분이라고 했습니다. 결국 문자로 대화를 이어가기 어렵다고 느껴 전화를 걸었고, 제 목소리를 듣고서야 제가 정말로 괜찮다는 사실을 확인했습니다. 그분은 왜 제가 화났을 거라고 생각했을까요? 이모티콘 없이 텍스트만 덩그러니 보내서 그렇게 받아들인 걸까요?

이렇게 문자 메시지나 댓글 같은 짧은 텍스트 정보만 보고 상대방의 기분이나 의도를 왜곡해서 단정 짓는 것처럼, 외부 사건을 해석하고 받아들이는 과정에서 발생하는 오류를 '인지 왜곡'이라고 합니다. 인지행동치료*Cognitive Behavioral Therapy, CBT*의 창시자로 알려진 정신과 의사 아론 T. 벡*Aaron T. Beck*이 처음 제안한 개념입니다.

상대방의 한두 마디를 근거로 '저 사람은 기분 나쁜 게 틀림없어'라고 단정 짓는 것은 '독심술*mind reading*'입니다. 이모티콘이 없거나 말투가 건조해 보인다는 이유만으로 '내가 싫은가 봐'라고 속단해버리기도 하는데, 이는 '비약적 결론*jumping to conclusions*'입니다. 그날 상대가 바빴거나 컨디션이 안 좋았던 것일 뿐인데, '내가 뭘 잘못했나? 나에게 불만이 있나?' 하고 자기와 연관 짓는 것은 '개인화*personalization*'입니다. 한두 번의 경험을 바탕으로 일반적인 결론을 내리고, 무관한 상황에도 그 결론을 적용하는 것은 '과일반화*overgeneralization*'입니다. 이런 식으로 생겨난 오해가 계속 쌓이다 보면 감정의 골이 깊어질 수 있습니다.

벡은 인지 왜곡을 알아차리고 수정하는 것이 정신건강에 중요하다고 강조하는데요. 인지 왜곡에 빠져 있는 사람은 현실을 왜곡해서 바라보게 되고, 자기 자신과 외부 대상을 피상적이고 부정적으로 인식하기 때문입니다.

인지 왜곡을 극복하려면 어떻게 해야 할까요? 우선 자신의 사고 패턴을 주의 깊게 관찰해야 합니다. 이를테면 "지금 내가 이분법적으로 생각하고 있는 건 아닐까?", "한두 번의 경험을 근거로 섣불리 일반화하고 있지는 않은가?" 이런 식으로 질문을 던져보는 겁니다. 부정적인 사고가 드는 순간에는 구체적인 '증거'를 찾아봅시다. "정말 그럴까? 객관적으로 그게 사실일까?"와 같은 질문은 자신이 하는 부정적 사고의 타당성을 점검하는 데 유용할 겁니다. 아울러 다음 세 가지 생각을 염두에 둔다면, 인간관계에서 불필요한 오해가 갈등을 막을 뿐 아니라 나의 정신건강을 지키는 데도 큰 도움이 될 겁니다.

1. 나에게 관심을 보이지 않는다고 해서 나를 싫어하는 건 아니다

새로운 모임에서 알게 된 지인이 다른 사람들에게는 말도 잘 거는 것 같은데 왠지 나에게는 관심을 보이지 않을 때, 또는 SNS에서 서로 팔로잉한 사람이 내 게시물에는 반응하지 않으면서 다른 사람들의 게시물에는 활발히 참여하고 있다는 사실을 알고 기분이 상했던 경험이 있나요? 우리는 종종 '관심을 보이지 않는 것'과 '의도적인 무시'를 동일시하는 경향이 있습니다. 이런 태도는 심리학에서 말하는 '기본적 귀인 오류*fundamental attribution* *error*'일 수 있습니다. 이는 우리가 타인의 행동을 해석할 때 상황적 요인보다는 개인의 성격이나 의도에 과도하게 원인을 돌리는 경향을 뜻하는 개념입니다.

물론 상대가 정말 나를 싫어하거나 불편해서 의도적으로 날 무시하는 경우도 있을 겁니다. 그룹 내에서 특정 인물에게만 일부러 인사를 안 한다든지, 그 사람의 말에 의도적으로 대답을 안 하는 식으로 말입니다. 하지만 내가 모르는 그 사람만의 어떤 상황이 있을 가능성도 있죠. 원래 성격이 내성적이고 낯을 가리는 사람일 수도 있고, 아니면 단순히 나에게 관심이 없을 수도 있고요. 나라는 사람의 존재를 모든 사람이 명확하게 인식해야 할 이유는 없으니까요.

우리는 이런 다양한 가능성을 간과한 채로 너무 쉽게 상대방의 마음을 부정적으로 속단하는지도 모릅니다. 특히 정서가 불안정할수록 타인이 나를 바라보는 시선에 예민해져서 타인의 무해한 무관심에도 혼자 상처를 받을 때가 있죠. 앞서 말한 벡의 인지왜곡 개념 중 '개인화'와 '독심술'에 해당할 수 있습니다.

한때 서로 친하게 지냈더라도 각자 다른 삶의 궤적을 그리다 보면 자연스럽게 관계가 소원해지기도 하는데요. 하물며 애초에 서로 친하지 않아서 나에게 관심을 보이지 않는 경우라면, 상대가 나를 싫어해서 그런 게 아니라 그냥 나에게 관심이 없을 뿐입니다. 그 사람이 나에게 관심을 보이지 않는 이유는 아직 서로 가까워질 기회가 없기 때문일 겁니다. 시간이 흘러 서로 가까워질 기회가 생길 수도 있겠지만, 적어도 아직은 그런 상태인 거죠.

오해하지 않으셨으면 하는데, 저는 타인에 대한 무관심한 태도를 정당화하는 게 아닙니다. 부담을 주지 않는 선에서 서로 따뜻한 관심을 보일 수 있다면 더할 나위 없이 좋겠죠. 하지만 현실적으로 쉽지 않을 수 있습니다. 제아무리 세계적인 톱스타일지라도 세상 모든 사람이 그에게 관심이 있는 건 아닙니다. 누군가는 아예 관심이 없을 수도 있지만, 그렇다고 해서 그를 싫어하는 것과는 다릅니다. 단지 (아직은) 관심이 없을 뿐이죠. '좋아하지 않는 중립적인 마음'과 '싫어하는 마음'을 잘 구별해야 상처받는 일을 줄일 수 있습니다.

2. 나의 부정적인 느낌이 반드시 상대가 잘못됐다는 증거는 아니다

우리가 어떤 낯선 사람을 봤을 때 드는, '왠지 믿을 만한 사람 같아' 또는 '뭔가 불편한데?'와 같은 느낌을 '직감' 또는 '육감'이라고 하는데요. 영어로는 'gut feeling'이라고 합니다. 여기서 'gut(내장)'은 단순히 소화만 담당하는 기관이 아니라 엄연한 감각 기관입니다. 즉 직감은 '내장의 느낌'입니다.

우리는 흔히 감각이라고 하면 시각, 청각, 촉각, 후각, 미각을 떠올리는데요. 심장이나 위장 등 내장 기관의 움직임으로 생기는 감각도 있습니다. 이를 '내수용 감각' 또는 '내부 감각

interoception'이라고 합니다. 리사 펠드먼 배럿은 쾌감과 불쾌감, 평온과 동요 사이를 오가는 가장 단순한 느낌인 '정동*affect*'이 내부 감각에서 생겨난다고 했습니다. 이런 메커니즘 때문에 단순히 지금 이 순간 부정적인 느낌이 든다고 해서 눈앞의 상대가 잘못됐다는 증거로 여기는 태도는 실수와 오판을 낳기도 합니다. 실제로 2011년 이스라엘 과학자들은 판사들의 가석방 판결 빈도가 점심 식사 전후로 다르다는 사실을 발견했습니다. 연구진의 결론은, 판사들이 식사 직전에 느끼는 '배고픔'이라는 신체적 불편함이 무의식적으로 가석방을 허가하지 않는 판단에 영향을 미쳤다는 것이었습니다. 배럿에 따르면, 이는 판사들이 내부 감각을 배고픔이 아닌 가석방 결정을 거부해야 하는 증거로 경험했다는 것입니다. 개인의 운명을 좌지우지할 중요한 판단을 냉철하게 내려야 하는 판사들조차도 정동에 휘둘릴 수 있음이 입증된 것인데요. 이는 단순히 판사들의 역량 문제라기보다는 인간이 가지고 있는 근원적인 한계에 가깝습니다.

우리는 자기가 보는 세상의 모습이 객관적이라고 믿는 경향이 있습니다. 심리학에서는 이를 '소박한 실재론*naive realism*'이라고 합니다. 소박한 실재론에 강하게 지배당한 사람일수록 항상 자신의 관점만 옳고, 자신과 다르게 세상을 바라보는 타인의 관점은 틀렸다고 확신합니다.

그러나 누구도 세계를 객관적으로 지각하지 않습니다. 우리의 뇌는 생존을 위해 눈앞의 외부 세계에 대한 예측과 판단을 끊임없이 내리고 있습니다. 인간관계에서 불필요한 오해를 줄이려면 나의 '느낌*feeling*'과 '사실*fact*'을 구별할 수 있어야 합니다. 내 느낌은 나에게는 타당하지만, 객관적으로 볼 때 옳은 사실이 아닐 수도 있음을 알아차리는 지혜가 필요합니다. 충분한 시간이 흐르기 전까지는 섣불리 확신하지 않고 가능성의 문을 열어두고 상황을 있는 그대로 관찰할 필요가 있습니다.

어떤 특정 상황이나 누군가와의 만남이 불편하다면, 상대방 때문이라고 단정 짓기 전에 내 몸의 내부 감각에 주의를 기울여보세요. 불안장애처럼 감정조절장애를 지닌 사람들은 눈앞에 있는 상대방의 말과 행동에서 불편함을 느끼는 게 아닙니다. 신체 내부 장기에서 올라오는 무시해도 될 내부 감각 정보를 무시하지 못해서 불편하게 여기거나 불쾌한 감정으로 느낍니다. 이런 상태가 심해지면 걷잡을 수 없는 불안감과 우울감, 분노에 휩싸이기도 하니 주의를 기울여야 합니다.

불편한 감정이 올라와서 감정 조절에 어려움을 느낄 때는 감정 경험을 섬세하게 분류해 글을 써보면 좋습니다. 가령 '기분이 안 좋다'라고 단순하게 표현할 수도 있지만 지금 배가 고파서 짜증이 난 건지, 밤에 잠을 못 자서 아픈 건지, 모니터를 오랫동안 쳐다봐서 눈이 아픈 건지, 아니면 어떤 사람에 때문에 신경이 쓰이고 답답한 건지 등 불편한 감정의 원인을 구체적으로 추적해

써보는 겁니다.

배럿은 감정 개념을 세세하게 구분할 수 있는 사람은 '감정 입자도'가 높다고 했습니다. 높은 감정 입자도를 지닌 사람일수록 감정 조절을 잘해서 대인관계도 원만하고, 스트레스 및 마음의 상처에 대한 회복력도 좋다 보니 삶의 만족감도 더 높습니다. 풍요로운 삶을 살기 위해서 나의 감정 입자도를 높이는 연습을 해보세요.

3. 나와 잘 안 맞는다고 해서 반드시 나쁜 사람인 건 아니다

약 1000년간 일본의 수도였던 교토는 세력 다툼과 하극상으로 인해 권력자가 수시로 바뀌는 불안정한 도시였습니다. 이런 상황에서 살아남기 위해 자신의 본심을 숨기고 겉과 속이 다른 화법이 발달했다고 알려져 있는데요. 예를 들어 교토 사람이 "커피 한잔하고 가실래요?"라고 했을 때, 이 말의 진짜 의미는 "이제 늦었으니 그만 돌아가세요"라는 뜻입니다. 문화적 맥락을 공유하지 않은 외부인이 볼 때는 겉과 속이 다른 화법을 구사하는 것처럼 보일 겁니다. 하지만 이런 화법이 나쁘다거나 잘못됐다고 함부로 말할 수는 없겠죠. 우리가 관여할 수 없는 그들만의 소통 방식이자 문화니까요.

인간에게는 '내집단 편향'이 있어서 자기가 속한 집단이 옳다고 여기는 심리가 있습니다. 하지만 나와 잘 안 맞는 집단 또는 문화라고 해서 그들이 꼭 나쁘거나 틀린 건 아닙니다. 개인 대 개인으로 축소해도 마찬가지입니다. 가치관이 서로 다른 관계에서 내가 항상 옳고 상대방이 틀린 건 아닙니다. 천만 관객을 돌파한 블록버스터 영화가 비록 나에게는 수준 이하의 졸작처럼 느껴지더라도, 그 영화를 재미있게 본 모든 관객의 취향이 틀린 건 아니듯이 말입니다. 자기 자신을 '선'으로 추켜세우기 위해 나와 잘 맞지 않는 모든 것들을 '악'으로 매도하는 것, 그리고 자기 생각은 무조건 정상이고 자기와 다른 생각은 비정상, 몰상식으로 몰아세우는 건 흑백논리의 오류입니다.

어느 한쪽이 꼭 잘못이 있어서가 아니라, 그저 서로의 화학적 반응이 잘 안 맞는 경우가 있음을 받아들이는 것은 나를 존중하는 태도이기도 합니다. 부정적인 감정과 피해의식에 휩싸여서 애꿎은 누군가에게 앙심을 품고 살아가는 것만큼 나를 망가뜨리는 일은 없기 때문입니다. 막연한 느낌만으로 상대방을 부정적으로 결론짓는 감정적 추론의 오류에 빠지지 않고, 나를 소중히 대하듯 타인을 긍정하는 것이 내 정신을 건강하게 지키는 길입니다.

진실성과 투명성은 다르다

누군가를 진심으로 믿어서 깊은 비밀까지 털어놓았는데, 나중에 관계가 틀어지고 곤란을 겪은 경험이 있나요? 그런 불미스러운 일을 직접 경험하지 않았더라도, 살다 보면 주변에서 목격할 때가 있습니다. 한때 잉꼬부부로 알려졌던 어느 유명인 커플이 이혼하는 과정에서 상대방의 사생활을 SNS에 가감 없이 폭로하는 모습을 보면서 복잡한 감정을 느꼈던 기억이 떠오릅니다.

인간관계는 신뢰를 바탕으로 유지된다고 하는데, 사람을 얼마나 신뢰하는 게 좋을까요? 믿었던 사람에게 뒤통수를 맞았던 사람들은 사람을 믿지 말고 상황을 믿으라고 말하기도 합니다. 여기서 '상황'이란 개인의 말과 행동을 단편적으로 보는 게 아니라 전체 맥락, 즉 숲을 보라는 의미입니다. 일리 있는 말이라고 생각합니다. 신뢰를 저버리는 자에게 불이익을 주는 시스템을 만들어 서로가 믿고 갈 수밖에 없는 상황을 구축하는 것도 좋은 방법입니다. 가령 법적 보호를 받는 시스템이라든가, 다른 목격자와 협력자들과의 공동 시스템을 구축해두면 사람이 아닌 '상황을 믿고' 일을 추진할 수 있습니다.

친구나 연인처럼 일대일 관계라면 어떨까요? 마음 같아선 그래도 사람을 늘 신뢰해야 한다고 따뜻한 말을 하고 싶지만, 우리가 살아가는 현실의 차가운 이면을 도외시할 수는 없습니다. 그 사람 자체를 너무 믿기보다는 상황을 믿는 게 때로는 더 현명한 처세일 수 있다는 말입니다. 그렇다고 모든 사람을 불신하거나 냉소적으로 살라는 말은 아닙니다. 나뿐 아니라 타인 역시 자유의지와 변화 가능성을 가진 주체적인 존재라는 것을 분명하게 인식하자는 겁니다.

슬기롭게 나를 드러내는 방법

우리는 모두 독립된 인격체로서 타인과 관계를 맺고 있습니다. 지금 나와 함께하는 사람이 앞으로도 영원히 내 곁을 지킬 것이라 믿기보다는 '나는 당신의 선택을 존중할 것이며, 그러한 나 자신 역시 존중할 것입니다'라는 마음을 갖는 거죠. 이는 상대방에 대한 믿음과 더불어 혹여 그 사람이 떠나더라도 견딜 수 있는 정신적 버팀목이 되어줍니다.

서로 신뢰를 쌓아가는 과정에서는 자연스럽게 자기 자신을 상대에게 드러내기 마련입니다. 그렇다고 내가 품고 있는 생각과 감정, 약점 따위를 모두 공개해도 될까요? 어떤 관계를 맺고 있느냐에 따라 답은 달라지겠지만, 아무리 가까워도 상대에게 굳이 드러내지 않아야 하는 것이 있습니다. 이는 나를 지키는 일이자, 소중한 사람과의 관계를 쓸데없는 시험에 들게 하지 않으려는 배려이기도 합니다. 따라서 아무리 친하더라도 섣불리 드러내지 말아야 할 것들에 대해 생각해볼 필요가 있습니다.

1. 나와 친한 주변 사람들의 치부

친한 누군가의 치부나 약점을 제3자에게 말하는 사람들이 있습니다. 험담하려는 의도에서 그러는 건 아닌 듯합니다. 사려 깊지 못한 탓에 지인의 약점을 이야기의 소재로 삼는 것일 수도 있고, 무의식적으로 자신의 우월성을 뽐내고 싶은 심리일 수도 있습니다.

하지만 제3자 입장에서 그런 이야기를 듣는다면 어떤 기분이 들까요? 가까운 사람의 약점을 서슴없이 말하는 그를 솔직한 사람이라고 여길까요? '친한 친구의 치부까지 이야기할 만큼 나를 정말 신뢰하는구나'라고 생각할까요? 겉으로는 아무렇지도 않은 척해도 속은 그렇지 않을 겁니다. 가까운 이의 치부를 떠벌리고 다니는 사람에게 과연 중요한 이야기를 공유하려고 할까요? 아무리 친하더라도 가까운 사람들의 치부나 약점을 함부로 말하면 안 되는 이유가 여기에 있습니다.

2. 나의 치명적인 약점

타인의 치부를 함부로 떠벌리지 않듯이 내 약점도 신중하게 다룰 필요가 있습니다. 특히 아직 극복하지 못한 약점이라면 더 조심해야 합니다. 업무와 관련하여, 자신의 역량을 입증하지 못한 사람이 약점을 인정하면 솔직하다고 인정받는 게 아니라 오히려 더 낮게 평가받는다는 연구 결과도 있습니다. 이에 대해 조직 심리학자 애덤 그랜트는 역량을 갖추지 못했을 뿐 아니라 불안정하게 보이기 때문이라고 설명합니다.

때로는 자신의 취약성을 공유하는 것이 관계를 돈독하게 하고 문제를 해결하는 첫걸음이 될 수도 있습니다. 특히 요즘은 소셜미디어나 대중매체를 통해 자신의 취약성을 당당하게 드러내는 것이 하나의 트렌드로 자리 잡아가는 것 같기도 합니다. 하지만 자신의 모든 약점을 드러내는 건 현명한 처세가 아닙니다.

약점의 정의는 사람마다 다를 수 있겠죠. 누군가에게는 우울증과 같은 정신건강 문제가 사회생활의 발목을 잡는 약점으로 여겨질 수 있는 반면, 다른 누군가에게는 그렇지 않을 수도 있습니다. 중요한 건 내가 무엇을 약점으로 느끼는지 잘 파악하고, 공개 여부를 현명하게 판단하는 것입니다. 물론 용기를 내서 자신의 취약한 면을 드러내는 일도 필요합니다. 그러기 위해서는 사람들이 자신의 취약성을 드러내도 괜찮은 '안전한 세상'을 함께 도모하는 것이 중요합니다. 상황과 관계에 따라 자신의 취약성이나 약점을 어느 정도는 진솔하게 드러내되, 악의를 가진 누군가에게 칼자루를 쥐여주지 않도록 적절한 균형을 잡을 수 있어야 합니다.

3. 나를 과시하는 지나친 자랑

'돈 자랑'처럼 자신의 우월함을 증명하려는 지나친 자랑은 상대방에게 상처를 줄 뿐 아니라 불특정 다수의 시기심을 자극합니다. 시기심이란 자신이 갖지 못한 걸 가진 상대방을 파괴하려는 적개심입니다. 자랑으로 잠깐이나마 우월감을 만끽할 수 있을지는 몰라도 장기적으로 보면 좋을 게 없습니다. 인간의 질투심과 시기심을 얕보다가는 큰코다칠 수 있죠. 함부로 자랑하지 않는 건 상대를 위한 일인 동시에 나 자신의 평온한 삶을 위한 길이기도 합니다. 만일 자신의 기쁨을 타인과 나누고 싶다면, 서로의 서사를 잘 알고 있고 진심을 나눌 만큼 깊이 연결된 사람들과 나눠야 합니다. 물론 일방적으로 우월감을 드러내는 식의 자랑은 금물입니다.

나의 장점과 매력을 적절히 드러내되, 상대방이 나를 궁금해할 여지를 남겨두는 것이 좋습니다. 진정성 있는 소통을 가로막자는 건 아닙니다. 오히려 상대방과의 깊이 있는 대화 속에서 자연스럽게 나의 가치관과 능력을 드러내라는 의미입니다. 발타자르 그라시안이 말했듯, 굳이 나의 탁월함을 한 번에 다 드러낼 필요는 없습니다. 횃불의 불꽃이 클수록 더 빨리 닳아 없어지듯, 탁월함 또한 과하게 드러낼수록 쉽게 소진될 수 있으니까요. 이는 상대의 질투나 시기심을 자극하지 않으면서도 호기심을 고조시키는 방법이기도 합니다.

당당하게 드러내지 않을 권리

언제 어디에서든 항상 솔직하게 보여야 한다는 신념을 가졌다면, 자기 자신을 전부 드러내지 않는 듯한 태도가 불편할지도 모르겠습니다. 사람들은 일반적으로 '솔직한 사람'을 신뢰하는 경향이 있지만, 솔직한 사람이라고 해서 정말 실오라기 하나 걸치지 않고 자신의 모든 걸 다 드러낸다는 의미는 아닙니다. 솔직하다고 자부하는 사람일지라도 솔직할 수 없는 영역은 분명 존재하기 마련이니까요.

예컨대 사람들 앞에서 섹스에 관한 모든 이야기를 100% 솔직하게 말할 수 있을까요? 그리고 살면서 했던 모든 거짓말을 전부 다 기억하고 솔직하게 말할 수 있을까요? 엄밀히 말해서 우리가 100% 솔직해지려면 우리 자신의 무의식에까지 완전히 닿아야만 하지만, 이는 불가능합니다.

게다가 우리는 프라이버시를 보호받을 권리가 있습니다. 사생활을 유지하기 위해 특정 정보는 알리지 않을 자격이 있으며, 이를 지킬 권한도 있습니다. 이는 소극적인 거짓말이 아닙니다. '비밀'입니다. 심리학자 폴 에크먼에 따르면, 우리가 어떤 정보를 미리 숨기겠다는 의도를 정당하게 공표하는 순간, 그것은 은폐와 같은 거짓말이 아닙니다.

프라이버시 보호를 철학적으로 설명한 사람이 있는데요. 프랑스의 작가이자 철학자인 에두아르 글리상은 '불투명성의 권리'라는 개념을 제시했습니다. 우리 자신의 정체성을 이해시키기 위해 투명하게 드러내야 한다는 압박에서 벗어나 있는 그대로의 불투명성을 존중받을 권리를 뜻합니다. 글리상에 따르면, 우리는 타인에게 어디까지 자신을 드러낼 것인지를 스스로 선택할 권리가 있습니다. 요컨대 우리에겐 생각이나 감정을 밝히지 않을 권리, 즉 '이해되지 않을 권리'가 있습니다.

우리는 종종 '진실성'과 '투명성'을 같은 것으로 여기지만, 이 둘은 동의어가 아닙니다. 모든 걸 투명하게 드러내지 않아도 자기 자신에게 거짓이 없다면 진실한 것입니다. 반대로 남들에게 투명하게 드러내는 듯해도 그 안에 교묘한 왜곡과 기만이 섞여 있다면 진실하지 않은 것이죠.

스위스의 철학자이자 소설가 페터 비에리는 인간의 존엄성을 심층적으로 다룬《삶의 격》에서 타인이 들어올 수 없는 자신만의 사적인 영역을 만들려고 하는 욕구에는 약점 은폐와는 완전히 다른 동기가 하나 더 숨어 있다고 말합니다. 그리고 존엄성의 인지와 상실이라는 면을 이해하는 데 매우 중요한 이 동기는 바로 '자신을 타인과 구분 지으려는 욕구'라고 설명합니다. 스스로를 독립적인 개인으로 경험하려면, 다른 사람들이 알지 못하는 어떤 것이 있어야 한다는 것인데요. 즉 인간의 존엄은 자신의 사적 공간의 경계를 인식하고, 사고와 감정의 가장 깊숙한 영역을 아무에게나 경솔하게 내보이지 않는 자세에 크게 좌우된다는 것이 비에리의 견해입니다.

한편, 욕구 위계설로 유명한 인본주의 심리학자 에이브러햄 매슬로는 '자기실현'에 성공한 사람들의 특징을 연구했습니다. 그는 자기실현이 원론적으로는 쉬워 보이지만, 실질적으로는 거의 이루어지지 않는다고 말합니다. 매슬로는《존재의 심리학》에서 자기실현을 한 사람은 성인 인구의 1% 미만이라고 밝힌 바 있습니다. 매슬로의 연구에 따르면, 자기실현에 성공한 사람들은 타인과 건강한 관계를 맺되, 남의 인정이나 칭찬에 의존하지 않았습니다. 성장 동기화된 이들은 일반적인 사람들보다 훨씬 더 자율적인 성향으로 인해 사생활과 세속에서의 초연, 명상을 특히 선호했다고 하는데요. 매슬로는 자기실현을 하는 사람들이 대부분 타인에 대해 놀라울 정도로 초연하며, 고독과 사생활을 보통 사람보다 훨씬 더 좋아한다고 했습니다. 이처럼 자신을 애써 드러내지 않으며 사생활을 선호하는 욕구를 보이는 건 방어기제가 아니라, 오히려 진정한 자기실현을 위한 필수적인 과정일 수 있습니다.

우리에겐 친밀한 관계일지라도 모든 것을 드러내지 않을 자유와 사적 영역을 지킬 권리가 있습니다. 자발적인 자기 노출은 개인의 선택이지만, 그렇지 않기를 원하는 것 또한 정당한 권리입니다. 특별한 목적이 없다면 군이 자신을 드러내기 위해 아등바등할 필요는 없습니다.

당당하게 드러내지 마세요. 그래도 괜찮습니다. 자신감의 결여나 약점의 은폐가 아닌, 한 인간으로서의 존엄성을 지키는 행위이기도 하니까요. 자신의 진실을 정직하게 마주할 수만 있다면, 그것만으로도 이미 충분합니다.

잘 지내려고 할수록
오히려 멀어지는 관계의 역설

지인 중에 진실을 가리키는 작가들을 좋아하는 A 작가가 있습니다. 진실은 불편하니까 모르는 게 낫다는 식으로 말하는 사람들도 있지만, 그가 보기에 진실은 흥미롭고 재미있을 뿐 아니라 삶에 유익할 때가 많다고 합니다. 이슬아 작가와 이석원 작가를 애정하는 이유도 이와 무관하지 않다고 합니다.

언젠가 모 일간지 인터뷰에서 이슬아 작가는 자신의 글이 직설적인 편이긴 하나 솔직하다는 평에 동의하기 어렵다고 말한 적이 있는데요. 자신의 에세이는 사실 조금은 픽션이며, 근본적으로 에세이 쓰기는 연극적인 데가 있어서 작가가 에세이라는 무대 안에서 꾸며낸 자아를 전시하며 롤 플레잉을 하는 것이라고 말한 바 있습니다.

이와 비슷한 맥락으로 이석원 작가도 《나를 위한 노래》에서 '꾸며내지 않은 솔직함'이라는 표현이 항상 이상하게 들린다고 말했습니다. 꾸미지 않고서 어떻게 솔직한 느낌을 독자에게 준다는 건지 이해할 수 없다는 이야기였습니다. 이는 거짓말을 하느냐 마느냐의 문제가 아니라, 독자들에게 솔직한 글이라고 느껴지게 하려면 작가다운 정교한 연출이 필요하다는 맥락이었습니다.

인간은 자신의 본모습을 완벽히 투명하게 들여다보기 어렵습니다. 우리의 내면에는 자아를 보호하려는 심리적 방어기제가 끊임없이 작동하고 있어서 자신도 모르는 사이에 스스로를 합리화하거나 기만할 수 있기 때문입니다. 이런 인간 심리의 근본적인 메커니즘을 이해한다면, 자신이 언제나 정직하다고 단언하기란 쉽지 않을 겁니다.

이런 의미에서 '나는 정말 솔직한 사람이야'라며 자신의 진정성을 거듭 강조하는 모습은 오히려 진정성에 대한 의구심을 일으킬 수 있습니다. 거짓말이 능숙한 사람일수록 자신의 말이 의심받을 것을 두려워한 나머지, 자기는 절대 거짓말을 하지 않는다며 필요 이상으로 솔직함을 과시하려 들기 때문입니다. A 작가는 이런 점에서 이미 솔직하다는 평가를 받으면서도 자신의 글이 '솔직해 보이려는 연출'을 담고 있음을 겸허히 인정하는 이슬아 작가와 이석원 작가를 좋아하고 신뢰한다고 말한 게 아닌가 싶습니다. 지나치게 '솔직함'을 내세우기보다는 오히려 자신의 글쓰기에 내재한 한계를 인정하는 태도가 진정한 정직함에 가깝게 느껴진 게 아닐까요?

인간관계에서의 적당한 거리감

이슬아 작가는 과거 한 일간지 인터뷰에서 자신이 데뷔 전부터 좋아하는 출판사의 편집자들에게 되게 얼쩡대는 편이었다고 밝혔습니다. SNS에서 그 편집자를 팔로잉하고 오직 편집자를 만나기 위한 목적으로 북콘서트에 가거나, 기회가 되면 회식 자리에 간 적도 있다고 합니다.

이슬아 작가는 책을 출간할 때도 먼저 편집자를 찾아가 책을 내달라고 제안한다고 하는데요. 현재 드라마 제작까지 확정된 장편소설 《가녀장의 시대》와 에세이 《끝내주는 인생》은 그렇게 세상 밖으로 나올 수 있었다고 합니다. 어찌나 편집자들을 좋아하는지 언젠가는 꼭 출판사와 편집자가 주인공으로 나오는 소설을 써보고 싶다고도 말합니다. 그래서 종종 작가 지망생들이 어떻게 하면 책을 낼 수 있는지 질문하면 "편집자의 팬이 되세요. 편집자를 사랑하는 게 먼저인 것 같아요."라고 대답한다고 합니다. 보통은 글쓰기나 책 쓰기에 관한 다소 진부한 조언을 하는 경우가 많은데, 참신하고도 진솔한 대답이었습니다.

책을 내는 것도 결국 비즈니스이고, 관계입니다. 우리나라에서는 '인맥보다 실력이 중요하다'는 말이 유행하고 있지만, '관계'와 '실력'을 굳이 흑백으로 나눌 필요는 없습니다. 물론 실력이 좋으면 관계가 만들어지기도 하지만, 역으로 관계를 만들어가는 과정에서 뜻밖의 좋은 기회를 얻고 일을 하면서 실력이 일취월장할 수도 있습니다. 복잡계 네트워크 이론의 창시자인 앨버트 라슬로 바라바시의 연구에 따르면, 두 사람의 실력이 엇비슷할 때 결국 사회적 연결망이 넓은 사람이 더 좋은 성과를 내고 성공합니다. 그러니 우선 편집자의 팬이 돼라는 이슬아 작가의 말은 현실적인 조언이라고 할 수 있겠습니다.

A 작가는 이슬아 작가의 인터뷰를 읽다가 좋아하던 편집자님을 떠올렸다고 합니다. 그 편집자님 덕분에 자식처럼 소중한 책을 세상에 선보이고, 바로 다음 차기작까지 함께할 수 있었던 특별한 인연이 있었다고 했는데요.

한 권의 책을 내고 나서도 그 편집자님과 밥 한 끼 먹은 적이 없다는 사실을 뒤늦게 깨달은 A 작가는 이슬아 작가의 조언에 자극을 받아, 편집자님과 식사를 하면서 좀 더 친밀해질 계기를 만들고 싶었다고 합니다. 그렇게 점심 식사 약속을 잡고 만나 신간 콘셉트에 관한 이야기를 구체적으로 나누었고, 돌아오는 길에 감사 인사를 전하자 편집자님도 "오늘 작가님과 말씀 나눠서 정말 즐거웠습니다^^ 잘 부탁드릴게요!"라는 답장을 보내주었다고 합니다.

그러나 그로부터 한 달쯤 뒤, A 작가는 회사를 떠나게 되었다는 편집자님의 갑작스러운 연락을 받고 깜짝 놀랐다고 합니다. A 작가는 사실 2년 넘게 함께 책을 만들며 쌓아온 인연이었기에 내심 섭섭한 감정도 들었지만, 더 좋은 조건으로 새로운 회사에서 일하게 되었다고 해서 응원의 마음을 전하며 마무리했다고 합니다.

이를 계기로 A 작가는 인간관계에서의 적당한 거리감에 대해 돌아보게 되었다고 했는데요. 이슬아 작가의 조언을 따라 편집자와 가까워지고 싶은 마음이 있었지만, 가만히 보니 편집자와 저자의 관계는 각자의 성향과 작업 스타일, 출판사의 분위기, 출판 분야에 따라 천차만별일 수밖에 없다는 것을 깨달았다고 합니다.

생각해보면 누군가가 나에게 가까이 다가오려 할 때, 그것이 설령 진심에서 우러나온 호의라 할지라도 부담스러웠던 경험이 있었을 겁니다. 서로의 마음이 자연스럽게 화학 반응을 일으켜 친해지는 상황일 때는 서로의 호감이 양쪽 모두에게 동등한 가치가 있습니다. 하지만 어느 한쪽이 일방적으로 누군가에게 다가가는 경우는 대개 목적이 있을 때가 많아서 이미 관계의 시소가 기울어진 채로 시작됩니다. 이런 이유로 서로 간에 충분한 공감과 유대감이 형성되지 않은 상태에서, 일방적으로 가까워지려 할수록 오히려 상대방은 한 걸음 뒤로 물러나고 싶을 수 있는 것이죠.

한 걸음 뒤로 물러설 때 개선되는 관계

인간에게는 자기가 받은 만큼 돌려주고 싶은 심리가 존재합니다. 이를 '호혜성의 원칙'이라고 합니다. 우리는 본능적으로 누군가에게 받은 만큼 되돌려주고 싶어 하는데, 이때 꼭 물질적인 것에 국한하지 않고 관심이나 애정 표현과 같은 무형의 가치로 보답할 수도 있습니다. 그런데 만약 내가 먼저 다가가 호의를 베풀었는데도 상대가 적절히 화답하지 않는다면, 심리적 불균형을 느끼게 됩니다. 이 불편한 감정이 관계의 현 상태를 말해주는 시그널인 셈이죠. 이럴 때는 잠시 멈추고 거리를 두는 것이 좋습니다.

관계에서 호혜성의 원칙이 제대로 지켜지지 않는 시간이 누적될수록 '관계의 역설'이 발생할 수 있습니다. 상대와 잘 지내려고 할수록 오히려 더 멀어지게 되는 거죠. 이를 '리액턴스 _Reactance_'라는 심리학 개념과 관련지어 설명할 수 있습니다. 리액턴스는 우리 자신의 자유나 선택권이 제한된다고 느낄 때 발생하는 심리적 반발을 의미합니다. 누군가가 나에게 지나치게 친밀감을 표현하거나 일방적으로 다가오면, 상대방은 자신의 영역을 침해받는다고 느낄 수 있고, 자율성을 지키기 위해서 오히려 더 거리를 두고 싶어질 수 있습니다. 이럴 때는 일단 상대방에 대한 관심을 거두고, 한 걸음 뒤로 물러서면 관계가 개선되기도 합니다. 나에게 인간적 관심을 보이던 상대가 어느 순간 관심을 싹

거두고 거리를 두면 왠지 궁금해지는 심리가 기본적으로 있기 때문이죠.

우리는 누군가의 부재를 느낄 때 그동안 미처 몰랐던 그의 존재감을 뒤늦게 깨닫기도 합니다. 관계에서 일방적으로 다가가기보다는 한발 물러서서 기다리는 태도가 필요한 이유입니다. 대가를 바라지 않고 친절과 호의를 베푸는 관대한 태도도 좋지만, 나와 상대방 사이에 놓인 관계의 추가 균형을 잃지 않도록 유의해야 합니다. 이는 상대방의 자율성을 존중하는 동시에 내 자존감도 지키는 길입니다.

신뢰할 수 있는 사람을
알아보는 방법

사람을 얼마나 신뢰하시나요?

신뢰는 단순히 상대방의 완벽한 정직성이나 진실만으로 형성되지 않습니다. 신뢰는 인간의 불완전함을 인정하면서도, 상대방이 선의를 가지고 나를 대할 것이라는 긍정적인 기대에서 비롯됩니다. 모든 인간관계에는 완벽한 통제나 예측 불가능한 불확실성이 존재하기 마련입니다. 그럼에도 다른 사람과 기꺼이 관계를 맺고 협력하게 만드는 힘이 바로 신뢰입니다.

여기서 주목할 점은 진정한 신뢰는 상대방에 대한 완벽한 통제나 확실성에서 비롯되지 않는다는 겁니다. 상대가 나를 실망시킬 수도 있다는 가능성을 인정하면서도, 그러지 않을 것이라 믿고 자신의 취약성을 드러내는 걸 기꺼이 감수하는 용기에서 시작됩니다. 우리가 친구에게 깊은 속마음을 털어놓고, 아무 대가 없이 친구의 선택을 응원할 수 있는 것도 이런 신뢰가 바탕이 되기 때문입니다.

연구에 따르면, 내가 먼저 상대를 기꺼이 믿어줄 때 이를 악용하는 나쁜 사람들은 생각보다 많지 않다고 합니다. 대부분 '좋은 사람이 되고 싶다'는 근원적인 열망을 가지고 있기 때문입니다. 그래서 상대방은 나의 긍정적인 믿음에 부응하기 위해 더 노력하게 되는데요. 그렇게 자기실현적 예언이 이루어진다고 할 수 있습니다.

상대가 진정 신뢰할 만한 사람인지는 시간이 지나면서 자연스럽게 드러납니다. 그때까지는 한 번 속는 셈치고 기꺼이 믿어주는 것도 나쁘지 않은 선택일 수 있습니다. 물론 아무나 맹목적으로 신뢰하라는 것은 아닙니다. 적어도 함부로 불신하는 태도를 드러내기보다는 상대를 신뢰하려는 노력이 더 건설적일 수 있다는 뜻입니다.

평판, 어디까지 믿어야 할까?

사회생활을 하면서 누군가의 겉모습만 보고 섣불리 신뢰했다가 큰 대가를 치렀던 경험이 있지 않으신가요? 안타깝게도 우리가 살아가는 현실은 항상 아름답지만은 않죠. 다른 사람의 순수한 신뢰를 이용해 사리사욕을 채우려 하는 사람들도 존재하니까요. 그렇다면 상대방의 평판을 최우선으로 고려하여 믿을 만한 사람을 선별하는 게 해결책이 될 수 있을까요?

평판 좋은 사람이나 회사를 신뢰하는 경향은 효율적인 판단을 내리는 심리적 메커니즘입니다. 물건을 살 때 리뷰를 참고하듯, 누군가를 신뢰해도 될지 판단이 서지 않을 땐 그 사람의 평판을 살펴 시간과 에너지를 절약할 수 있죠.

평판을 참고한다는 건 불특정 다수의 '집단 지성'을 신뢰하는 것과 같습니다. 이는 양면성이 존재하는데요. 긍정적인 측면은, 다른 사람들의 의견이 특정 개인의 편견이나 오류를 보완하는 데 효과적일 수 있다는 점입니다. 여러 관점을 참고함으로써 더 객관적인 정보를 얻을 수 있죠.

그러나 평판에도 한계는 존재합니다. 좋은 평판이 반드시 그 사람의 신뢰도를 보장하지는 않기 때문입니다. 일부 기업이나 판매자는 제품이나 서비스의 평판을 부풀리기 위해 리뷰 조작도 서슴없이 합니다. 더 나아가 좋은 평판을 악용하여 사기를 치는 극단적인 사례도 있습니다.

버나드 메이도프는 월가에서 오랫동안 신뢰받는 금융 전문가였지만, 사상 최대의 금융 사기를 저질렀습니다. 그는 평판이 좋은 사람이었지만, 실제로는 거짓 수익률과 폰지 사기 구조를 숨기고 있었죠. 결국 그를 신뢰했던 투자자들은 막대한 손실을 입었고, 메이도프는 징역 150년을 선고받았습니다.

엘리자베스 홈즈는 한때 '여자 스티브 잡스'라고 불릴 정도로 실리콘밸리에서 가장 주목받는 CEO였습니다. 홈즈가 창립한 헬스케어 회사 테라노스*Theranos*는 소량의 혈액으로 수백 가지의 질병을 진단할 수 있는 혁신적인 기술을 개발했다고 주장했지만, 거짓말이었습니다. 홈즈는 투자자와 대중을 속인 혐의로 기소되었고 11년형을 선고받았습니다.

이런 사례들은 사회적 평판에도 맹점이 있다는 것을 보여줍니다. 노스이스턴대학교의 심리학 교수 데이비드 데스테노는 《신뢰의 법칙》에서 우리는 평판을 마치 바위에 깊게 새겨진 각인처럼 여긴다고 말합니다. 직관적으로는 그럴듯하게 들리지만, 지난 20년 동안 그를 비롯한 여러 학자가 연구하여 모은 과학적 자료들은 인간의 도덕성은 얼마든지 변화할 수 있음을 보여준다고 합니다. 요지는 타인의 평판을 참고할 수는 있지만 어디까지나 '과거의 일'이라는 점을 간과해서는 안 된다는 것입니다.

자신의 직감을 믿는 게 도움이 될까?

평판을 온전히 신뢰하기 어렵다면, 직감을 믿으면 될까요? 직감은 우리가 의식적으로 포착하기 힘든 상대방의 미묘한 신호를 캐치할 수 있다고 합니다. 직감을 따르는 것은 괜찮은 선택인지도 모릅니다. 가령 낯선 이와 만났을 때 직감적으로 위화감을 느낀다면, 일단은 거리를 두는 것이 현명합니다. 무언가를 얻지는 못하더라도 피해는 입지 않을 테니까요.

그러나 직감을 맹목적으로 따르는 것도 위험할 수 있는데요. 직감이 언제나 정확한 것은 아니며, 때로는 우리를 오도할 수도 있기 때문입니다. 객관적 정보와 근거를 도외시한 채 오직 자신의 직감에만 의존하여 판단하는 과정에서 대상이나 상황을 왜곡할 가능성도 커집니다.

뇌과학적인 관점에서 보면, 인간의 뇌는 진실을 밝히려는 목적이 아닌, 개체의 생존과 번식을 위해 진화해왔고 그로 인해 온갖 편향에 취약한 면이 있습니다. 따라서 직감을 맹종하기보다는 시간을 두고 대상을 세심히 관찰하는 태도가 필요합니다. 직감에 귀를 기울이되, 여러 가지 인지 편향의 덫에 빠지지 않도록 균형을 잡는 노력도 중요한데요. 이는 경험을 통해 단련할 수밖에 없습니다.

하지만 직감과 평판만으로 타인의 신뢰도를 완전히 가늠하기란 쉽지 않습니다. 그렇다면 우리가 의지할 수 있는 또 다른 방법은 무엇일까요? 바로 상황의 힘을 신뢰하는 것입니다.

상황의 힘을 신뢰하는 삶의 지혜

연구에 따르면, 우리가 누군가의 신뢰도를 평가할 때 고려하는 특징은 대략 이렇습니다. '약속을 잘 지키는가?', '비밀을 잘 지킬 수 있는가?', '정직하고, 공정하며 정의로운가?', '얼마나 일관성이 있으며 예측 가능한가?', '삶의 중요한 문제를 해결할 역량이 있는가?', '내 생각을 열린 마음으로 받아들일 수 있는가?', '내가 필요할 때 기꺼이 시간을 내어줄 수 있는가?'

이런 특징의 비중은 관계의 성격에 따라 달라집니다. 이를테면 회사에서 신뢰는 일의 유능함을 기준으로 형성될 수 있는 반면, 연인 관계에서는 내가 필요할 때 시간을 내어주고 나에게 따뜻한 태도를 지닌 사람을 더 신뢰할 가능성이 있겠죠.

상황이 달라지면 관계의 성격도 달라집니다. 그래서 '사람' 자체를 믿으려는 것도 좋지만, 한편으로는 그 사람이 속해 있는 '상황'을 신뢰하는 것도 현명한 방법이 될 수 있습니다.

우리는 개인이 아닌 사회의 제도와 법이라는 '상황'이 우리를 보호해줄 거라고 신뢰합니다. 설령 뭔가 잘못되더라도 법이 구제해줄 거라는 총체적인 상황을 믿는 것이죠. 물론 제도와 상황이 완벽하게 작동하지 않을 때도 있지만, 이런 시스템이 우리 삶의 기반임을 믿어보는 것은 괜찮은 선택입니다.

상황의 힘을 믿을 수 있는 자기신뢰

상황의 힘을 신뢰하는 마음은 험난한 인생을 살아가는 데 필요한 지혜입니다. 그런데 여기서 상황을 신뢰한다는 것은 스스로 어려운 상황을 헤쳐나갈 수 있으리라는 '자기신뢰'와 맞닿아 있습니다. 특정 상황에서 내가 올바른 판단을 내릴 수 있다는 자기신뢰의 문제입니다. 즉 내가 어려운 상황을 헤쳐 나갈 수 있으리라는 자기신뢰가 뒷받침되어야만 불확실한 외부 상황에 맞설 용기를 낼 수 있고, 진정으로 상황을 신뢰할 수 있습니다.

건강한 자기신뢰는 상황을 신뢰하는 태도의 밑바탕이 되지만, 이를 '나는 뭐든 다 할 수 있어!'와 같이 과장된 자신감으로 오해하면 곤란합니다. 그런 사람은 "나는 거짓말은 절대 안 해", "내가 언제 틀린 말 하는 거 봤어?"라는 식으로 강한 확신에 차서 말하기도 합니다. 표면적으로는 진실에 대한 강조로 보일 수 있습니다. 그러나 뒤집어보면 "나는 언제나 진실만 말해", "나는 언제나 옳은 말만 말해"입니다. 이런 태도는 자신의 불완전성과 오류 가능성을 무시하는 독선으로 이어질 수 있으므로 건강한 자기신뢰라고 보기 어렵습니다.

사람은 누구나 크고 작은 거짓말을 합니다. 의식적으로 거짓말을 할 때도 있고, 자기도 모르게 무의식적으로 할 때도 있습니다. 심리학자 폴 에크먼에 따르면, 거짓말에는 두 가지 종류가 있습니다. 적극적 거짓말*active lying*인 '왜곡'과 소극적 거짓말*passive lying*인 '은폐'인데요. 왜곡은 타인을 속이기 위해 허위 정보를 적극적으로 제공하는 행위입니다. 예를 들어, 어떤 사람이 가짜 은행 애플리케이션으로 인증하는 척하면서 "나는 51조 원을 갖고 있는 재벌 3세다!"라고 말한다면 이는 적극적 거짓말을 하는 것입니다. 은폐는 중요한 정보를 의도적으로 숨김으로써 상대방이 잘못된 결론이 이르게 하는 행위입니다. 사실을 왜곡하지는 않지만, 상대가 꼭 알아야 할 중요한 사실은 숨기는 식으로 상대를 속이는 것을 말합니다. 예를 들어, 중고차 딜러가 차량의 치명적인 결함은 언급하지 않은 채 장점만을 부각해서 고객에게 설명하는 경우를 들 수 있습니다.

타인에게 거짓말을 하기도 하지만, 내면의 불편한 진실을 회피하려는 방어기제로써 자기 자신을 속이기도 합니다. 대표적으로 '합리화'가 이런 종류의 자기기만입니다. 진정으로 자신을 믿는 정직한 사람들이 "나는 거짓말은 절대 안 해", "나는 언제나 진실만 말해"와 같은 말을 함부로 하지 않는 이유가 여기에 있습니다. 건강하게 자기신뢰를 하는 사람들은 자신의 모순과 자기기만까지도 정직하게 인식할 줄 알고, 자신의 한계를 겸허히 인식하고 수용할 수 있습니다.

랠프 왈도 에머슨은 《자기신뢰》에서 자기 자신을 믿으라고 했습니다. 모든 사람의 마음은 그 믿음의 울림에 공명한다면서 말이죠. 에머슨의 말은 자기신뢰가 단순히 개인의 내적 확신에 그치지 않고, 타인과의 관계 속에서 더 큰 신뢰를 만들어내는 씨앗이 된다는 것을 의미합니다.

결국 '누구를 믿을 수 있을까?'라는 화두를 안고 여기까지 온 독자라면, 마지막으로 '자신을 믿는 힘'이 중요하다는 사실을 기억해야 합니다. 앞서 살펴본 '평판', '직감', '상황'이라는 세 가지 단서를 활용하되, 그 모든 판단의 토대에는 건강한 자기신뢰가 놓여 있어야 합니다. 나의 불완전함을 인정하면서도 성장 가능성을 믿을 수 있을 때, 타인과 세상을 향한 진정한 신뢰의 손을 내밀 수 있기 때문입니다. 우선 나 자신을 믿고 나서야 '누구를 믿을 수 있을 것인가?'에 대해 흔들리지 않는 자기만의 기준을 세울 수 있습니다.

뒷담화,
피할 수 없다면 현명하게 대응하기

메타가 2023년에 출시한 스레드는 500자로 제한된 텍스트 기반 소셜 미디어입니다. 텍스트 기반 소셜 미디어의 특성일까요. 자기 이야기를 하는 사람들도 있지만 가족, 친구, 과거 또는 현재 연인, 지인 등 타인의 이야기를 비롯해 '뒷담화'를 하는 장면을 종종 목격합니다. 제가 본 바에 의하면, 어떤 사람이 누군가에 대해 저격 글을 썼을 때 당사자가 이 사실을 인지해서 반격하는 경우도 있지만 전혀 모르고 지나가는 경우도 있습니다. 왜냐하면 당사자의 계정을 직접 태그하지 않고, 허락 없이 글만 캡처해서 올리기 때문입니다. 당사자를 차단한 채 뒷담화를 하는 경우도 있었습니다.

뒷담화란 특정 대상이 없는 자리에서 그 사람의 흠을 들추어 말하는 것입니다. 학창 시절에 친구들과 학교 선생님의 별명을 만들어서 놀리거나 험담을 한 번도 안 해본 사람은 없을 겁니다. 학교 선생님뿐일까요. 부모님이나 형제자매는 물론, 결혼한 후에는 배우자 뒷담화를 하는 사람들도 많습니다.

넓게 보면 특정 정치인이나 연예인 등 유명인에 대한 가십과 험담을 온라인 커뮤니티에서 나누는 행위도 뒷담화인데요. 유발 하라리는 《사피엔스》에서 뒷담화에 대해 악의적인 능력이지만 많은 사람이 모여 협동을 하려면 반드시 필요한 능력이라고 했습니다. 집단 내에서 누가 신뢰할 만한 사람인지에 대한 정보를 서로 교환해야 한다는 필요성 때문이라는 겁니다. 구성원들은 뒷담화를 통해 서로에 대한 정보를 공유하고, 그룹 내의 규범과 가치관을 확인하게 됩니다. 이 과정에서 집단의 결속력이 다져지고, 사회적 질서가 유지되는 효과가 있습니다. 부정적인 행동을 한 사람에 대한 뒷말이 돌면, 그는 집단 내에서 소외감을 느끼고 행동을 교정하게 될 가능성이 높아집니다. 반대로 누군가를 칭찬하는 뒷말은 모범이 되는 행동을 장려하는 요인이 되기도 합니다. 이처럼 뒷담화는 사회적 규범을 강화하고 바람직한 행동을 유도하는 순기능도 있죠. 무언가가 자연스럽다고 해서 도덕적으로 바람직하다는 자연주의적 오류에 빠지면 안 되겠지만, 뒷담화는 언어를 사용하는 사회적 동물인 인간의 본성인 듯합니다.

뒷담화, 호모 사피엔스의 사회적 도구

인터넷에 밈처럼 떠돌아다니는 글귀들이 몇 개 있는데요. "자기 인생이 재미없으면 남 사는 얘기를 가지고 놀게 된다"라는 것이 있습니다. 자기 인생에 만족하지 못하는 사람일수록 남의 험담이나 하며 살게 되니 조심하라는 일종의 경고이자 엄포입니다. 일리 있어 보이지만, 잘 보면 인간의 복잡한 심리와 사회적 관계를 단순화한 표현입니다. 타인에 대한 관심과 대화가 불행의 징후라고 전제하는데, 이는 인간의 사회적 본성을 간과한 것입니다. 자기 삶에 만족하는 사람도 타인의 삶에 대해 이야기할 수도 있으니까요. 타인의 삶에 대해 이야기한다고 해서 꼭 부정적인 뒷담화로 이어지는 것도 아닙니다. 우리는 타인의 성공과 실패 스토리에 공감하며 삶의 지혜와 통찰을 얻기도 합니다.

사실, 우리가 평소에 하는 대화 내용을 자세히 들여다보면 '친구', '지인', '연예인', '성공한 사람', '자기가 좋아하는 사람', '범죄자', '화제의 인물' 등 대부분 다른 누군가에 관한 이야기입니다. 영국의 인류학자이자 진화심리학자인 로빈 던바는 사람들의 일상 대화를 분석한 결과, 전체 대화 시간의 약 65%가 다른 사람이나 사회적 관계에 대한 내용, 즉 넓은 의미의 뒷담화*gossip*라는 사실을 확인했습니다. 대부분의 일상 대화는 다른 인물들의 이야기가 가미될 때 더욱 풍성해지고 듣는 이의 흥미를 자극하기 쉽습니다. 결국 인간은 남의 이야기에 관심을 갖고 소통하는 사회적 동물입니다. 자신의 인생이 어떤지와 관계없이 우리는 타인의 삶에 대해 이야기하고 서로 공감하며 유대감을 쌓아가는 존재인 거죠.

옳고 그름을 떠나 최대한 관대하게 바라보려고 해도 '남 사는 얘기'가 너무 악의적인 험담으로 이어지는 건 좋을 게 없습니다. 무엇보다 그런 뒷담화를 상습적으로 하는 당사자의 평판과 신용만 추락할 수 있습니다. '내 앞에서 누군가를 비방하는 사람이라면, 내가 없는 자리에서는 나를 비방할 수 있겠구나' 하는 추론을 누구나 할 수 있기 때문이죠.

물론 내 앞에서 남을 욕하는 사람이 뒤에서 반드시 나를 욕한다고 단언할 수는 없습니다. 하지만 일반적으로 다른 사람의 험담을 즐기는 사람은 그 대상만 바뀔 뿐, 그런 행동 자체를 습관적으로 반복할 가능성이 충분히 있습니다. 그러니 평소에 다른 사람의 욕을 자주 하는 사람과는 일정한 거리를 유지하는 것이 안전한 선택이지요.

뒷담화의 아이러니한 점은 부부처럼 정말 믿을 수 있는 극소수의 가까운 관계에서는 다른 누군가에 대한 험담이 친밀감과 결속력을 강화하는 윤활제 역할을 할 수 있다는 것입니다. 사람들은 대부분 공동의 적이 존재할 때 더 끈끈해지는 경향이 있기 때문입니다. 인간은 특정인에 대한 소문과 정보를 공유함으로써 자신의 사회적 지위를 우회적으로 드러내기도 합니다. 유발 하라리의 말처럼, 호모 사피엔스에게 뒷담화란 참으로 얄궂은 협력 도구인 것 같습니다.

앞뒤가 전혀 다른 모습으로 뒷담화를 즐기는 사람

싫어하는 누군가의 평판을 훼손하려고 헛소문을 퍼뜨리고 중상모략을 하는 사람들이 있습니다. 이런 사람들이 무서운 이유는, 겉모습만 봐서는 그런 악의적인 행동을 할 사람처럼 보이지 않는다는 점입니다. 이들은 여러 사람 앞에서는 친절하고 다정한 모습을 보이지만, 사적인 자리에서는 전혀 상반된 면모를 드러내기도 합니다. 평소에 생글생글 잘 웃고 말투도 다정해서 누군가에게 쉽게 적개심이나 시기심을 품을 것 같지 않은데, 뒤에서는 전혀 다른 두 얼굴을 가지고 살아갑니다.

앞에선 다정한 사람인 척하면서 뒤에선 욕을 하는 사람의 심리는 뭘까요? 인지심리학자 김경일 교수에 따르면, 이런 사람들은 행복하지 않고 늘 불안하다는 공통점이 있습니다. 그래서 자기보다 더 불행해 보이는 사람들을 찾아 '그래도 나는 쟤보다 낫다'라는 일그러진 우월감을 느끼려는 심리가 있습니다. 뒷담화하는 사람 중 가장 안 좋은 유형이 바로 자기가 싫어하는 사람을 모두 똑같이 싫어하길 바라고 강요하는 사람이라는데요. 이들은 다수의 힘을 확보하기 위해 자꾸 다른 사람의 험담을 합니다. 마치 학창 시절에 왕따를 주도하는 일진의 심리와 흡사합니다.

상습적으로 뒷담화하는 사람에게 대처하는 방법

뒷담화를 자주 하는 사람은 크게 세 가지 유형으로 분류할 수 있습니다.

첫째, 자꾸 내 옆에 와서 다른 사람의 험담을 하며 동조해주길 바라는 사람으로, 말하자면 내가 공범이 되길 바라는 심리입니다. 앞서 말했듯이, 이런 유형의 사람은 자신의 삶이 그만큼 불안하고 만족스럽지 않다는 걸 간접적으로 표현하고 있는 것입니다. 이럴 때는 뒷담화에 동조하지는 않더라도 한걸음 물러서서 그의 상황을 이해해볼 수는 있습니다. 험담을 하지 않고서는 일상을 버티기 힘든 그들의 불행에 측은지심을 가져보는 건 어떨까요.

둘째, 앞에서는 안 그런 척하면서 내가 없는 자리에서 나를 험담하는 사람입니다. 내 앞에서 대놓고 그렇게 한다면 적절히 맞받아치기라도 할 텐데, 그럴 자신은 없는 유형이죠. 이런 경우 뒷담화에 반응하지 말고 이들과는 거리를 두며, 나를 지지하고 함께 성장할 수 있는 사람들과 의미 있는 관계에 집중해야 합니다. 물론 나를 향한 상대방의 근거 없는 비방이 도를 넘었다는 판단이 섰을 땐, 적극적으로 조치하거나 법적 대응도 고려할 필요가 있습니다.

셋째, 누가 나에 대한 험담을 했다는 걸 굳이 전하는 사람입니다. 뒷담화를 하는 사람도 문제지만, 그 내용을 일부러 전달하는 사람도 경계할 필요가 있습니다. 물론 선의를 갖고 전달하는 사람들도 있겠지만, 대부분 오해와 갈등만 불러일으킵니다. 왜 그럴까요? 우선 말을 전하는 과정에서 왜곡이 생기기 쉽습니다. 앞뒤 맥락은 무시한 채 기억에 의존해 전하다 보면 사실과 다르게 전해질 가능성이 높거든요. 만약 말을 전하는 사람이 악의를 갖고 그랬다면 상황은 훨씬 나빠질 수도 있습니다.

방송인 신동엽도 이런 점을 지적한 바 있습니다. 그는 한 방송에서 "뒷담화는 어떻게든 반드시 되돌아오며, 어떤 사람이 내 욕을 했다는 걸 굳이 전하는 사람과는 인연을 끊는다"라고 말해 화제가 되었는데요. 남의 뒷담화를 전하는 일은 신중할 필요가 있습니다. 설령 좋은 의도라 할지라도 그런 행동이 가져올 결과를 사려 깊게 생각해봐야 합니다.

타인의 미담과 칭찬만 나눌 수 있다면 좋겠지만, 안타깝게도 현실은 그렇지 않습니다. 대화를 하다 보면 누군가의 잘못이나 실수, 부정에 대해서도 불가피하게 말해야 하는 상황이 발생하니까요. 이때도 가급적 객관적으로 이야기를 해야지, 상대를 음해하는 말을 하게 되면 그 화살은 결국 자기 자신에게로 되돌아옵니다. '뒷담화를 즐기는 신뢰할 수 없는 사람'이라는 불명예스러운 낙인을 스스로 찍게 되니까요. 관계에서 신뢰를 중요하게 생각한다면, 그런 사람들과는 깊게 엮이고 싶지 않을 겁니다.

나를 함부로 평가하는 사람을
평가할 자격이 나에게도 있다

무례한 사람으로 기억되는 가장 손쉬운 방법이 무엇일까요? 바로 상대방을 함부로 평가하고 지적하며 가르치려 드는 것입니다. 몇 마디 말만으로 충분히 불쾌한 인상을 남길 수 있습니다. 우리는 성인군자가 아니므로 마음속으로는 남을 판단하고 평가할 수도 있을 겁니다. 하지만 그런 판단을 입 밖에 내는 건 다른 차원의 문제입니다. 누군가를 때리고 싶을 정도로 미워하는 것과 실제로 폭행하는 것이 전혀 다른 것처럼요. 조직의 상하관계에서도 무례한 지적과 평가는 문제가 될 수 있는데, 서로 대등한 관계에서 함부로 평가하는 것은 상대방의 인격을 존중하지 않음을 노골적으로 드러내는 것과 다름없습니다.

타인을 평가하는 일

물론 '평가'라는 행위가 반드시 부정적인 가치 판단을 의미하는 건 아닙니다. '칭찬' 역시 일종의 (긍정적인) 평가이며, 진심 어린 '조언' 속에도 평가적 요소가 들어갈 수 있습니다. 면접자가 지원자를, 교수가 학생을 평가하는 것처럼 평가하는 역할을 수행해야 하는 관계도 분명히 있습니다.

하지만 때로는 칭찬조차 미묘하게 불편하게 느껴질 때가 있는데요. 나르시시스트가 상대를 통제하는 기술인 '러브바밍*love bombing*'처럼, 타인을 조종하려는 목적으로 입에 발린 칭찬을 하는 사람들도 있기 때문입니다. 이런 사람들은 서열 관계에 유독 집착하는 탓에 만만하게 여기는 상대를 지배하려는 경향이 있으니 주의가 필요합니다.

사회에서 이런 사람을 만난다면 어떻게 대응하는 게 좋을까요? 우선, 나에게도 그들의 평가를 평가할 자격과 권리가 있음을 기억해야 합니다. 상대에게 감정적으로 대응하라는 뜻은 아닙니다. 그 사람의 평가가 온당한지, 누군가를 평가할 자격이 있는지를 냉철하게 판단하고 자기 자신을 지켜야 한다는 의미입니다. 다시 말해, 상대방의 평가에 대하여 나 역시 평가를 해봐야 합니다. 다음 두 가지 기준으로 상황을 판단해보시기 바랍니다. 제 생각이 반드시 정답이라고 할 수는 없겠지만, 적절한 경계를 설정하는 데 도움이 될 수도 있습니다.

1. 그 사람의 지성은 신뢰할 만한 수준인가?

일반적으로 지성이 뛰어나고 지혜로운 사람일수록 자신의 오류와 자기기만, 모순, 위선을 스스로 인식하여 수정할 수 있습니다. 여기서 말하는 '지성'이란, 자기 자신에게 거짓말하지 않고 정직할 수 있는 양심, 진실과 거짓을 구별할 수 있는 판단력, 그리고 자신의 상태를 객관적으로 인식할 수 있는 '자기성찰지능'에 가까운 개념입니다.

남들 앞에서 거짓말을 하면서도 이를 자각하지 못한 채 확신에 찬 태도로 말하는 사람들이 의외로 많습니다. 설득을 위해 의도적으로 강한 기세를 연출하는 것일 수도 있겠지만, 때로는 진정한 무지에서 비롯된 과잉 확신일 때도 있습니다. 이런 과신은 '더닝 크루거 효과'로 설명할 수 있는데요. 이는 능력이 부족한 사람이 자신의 무지를 인지할 능력이 없기 때문에 도리어 과도한 자신감을 갖는다는 인지 편향입니다.

지식인이나 전문가에 대해 적대감과 불신을 갖는 반지성주의는 경계해야겠지만, 반대로 사회적 지위가 높거나 어떤 분야의 전문가라고 해서 맹종하는 것도 위험합니다. 그들이 늘 지혜롭고 옳은 말만 하는 건 아니니까요. 오히려 누구나 신뢰할 만한 위치에 있는 사람일수록 자신만의 강한 편견과 고정관념에 사로잡혀 왜곡된 판단을 할 가능성이 있습니다. 노벨물리학상 수상자 리처드 파인만은 이런 명언을 남겼습니다.

"교육을 지능과 혼동하지 마세요. 박사 학위를 가지고 있어도 여전히 바보일 수 있습니다 *Never confuse education with intelligence, you can have a PhD and still be an idiot*."

2. 지나치게 자기중심적이고 공감 능력이 결여되어 있진 않는가?

타인을 함부로 평가하는 사람이 주변에 있다면 그가 지나치게 자기중심적이고 공감 능력이 부족한 모습을 보이진 않는지 주의 깊게 살펴야 합니다.

심리학에는 '어둠의 성격 3요소*Dark Triad*'라는 개념이 있습니다. 지나치게 자기중심적이고 타인을 지배하려 드는 '나르시시즘', 자신의 이익을 위해 타인에게 냉정하고 조작적인 '마키아벨리즘', 타인에 대한 공감이 부족하고 반사회적인 '사이코패시'로 구성되는데요. 이런 특질의 공통점은 "결여된 공감 능력과 지나친 자기중심성 때문에 자신의 목적 달성을 위해 타인을 착취하거나, 비윤리적이고 반사회적인 행위도 서슴지 않는 태도"입니다. 최근에는 '사디즘'을 더하여 '어둠의 성격 4요소*Dark Tetrad*'로 정의하는 연구가 많습니다. 사디즘은 다른 어둠의 성격에 있는 냉담함과 공감 부족을 넘어 가학적인 행동 특성까지 포함하고 있는 개념입니다. 사디즘 성향이 강한 사람일수록 타인의 고통을 보며 더 큰 만족감과 쾌감을 느낍니다. 인터넷에서 악플을 달며 쾌감을 느끼거나 사이버 스토킹을 할 가능성이 높은 성격 특성으로 알려져 있습니다. 또한 불특정 다수에게 심리적 고통을 주는 '독설'로 모종의 만족감과 쾌감을 얻는 사람도 사디즘 성향을 지녔다고 예측할 수 있습니다.

나를 함부로 평가하는 사람이 있다면, 혹시 '어둠의 성격'이 강한 부류는 아닌지 살펴보세요. 특히 나르시시즘이 강한 사람일수록 '내가 하면 로맨스, 남이 하면 불륜' 같은 이중잣대가 유독 심할 수 있습니다. 근거 없는 우월감에 취해 '나는 너를 얼마든지 평가해도 되지만, 너는 나를 평가할 자격이 없어'라는 역기능적 신념을 갖고 있기 때문입니다. 표면적으로는 매력적이고 사교적인 모습을 보일 수 있으나, 속으로는 철저히 자기중심적인 탓에 은밀하게 타인에게 해를 끼칩니다. 겉으로는 타인을 위하는 척하지만, 실은 자신의 지배 욕구를 해소하기 위한 경우가 많습니다. 그렇기에 항상 내려다보는 식의 평가적인 언행을 하면서 교묘히 조종하려 들 수 있습니다.

상대방이 나에 무례하게 평가할 때는 자신만의 건강한 경계를 설정하는 것이 무엇보다 중요합니다. 당신을 함부로 평가하는 사람을 당신도 평가할 자격이 있습니다.

칼 같은 손절보다
현명한 거리 두기가 필요하다

나를 함부로 평가하는 무례한 사람을 만나면 어떻게 해야 할까요? 무조건 '손절'하는 게 좋을까요? 나와 안 맞는 사람과 억지로 부대끼며 괴로울 바에야 차라리 각자의 사회적 네트워크에서 깔끔히 정리하는 게 서로를 위한 길 같습니다.

하지만 현실적으로 관계를 손절한다는 것은 결코 쉽지 않습니다. 손절하며 후련함을 느끼는 사람도 있겠지만, 오히려 불편하다고 느끼는 사람들도 있습니다. 상대방의 잘못이 크다 해도 그동안 함께해온 시간이 있고, 무엇보다 우리는 정과 온기를 지닌 존재이기 때문입니다.

인터넷에서는 관계 손절을 종용하는 사람이 많지만, 그 사람들이 내 인간관계에 아무런 책임을 지지 않는다는 사실을 기억해야 합니다. 나와 맞지 않는 사람을 습관처럼 손절하다 보면 인간 자체를 불신하게 되거나 인간 혐오가 생길 수도 있습니다. 삶은 누군가와 관계 맺는 일의 연속인데, 나의 내면에 '타인 부정'이라는 소프트웨어가 설치되는 셈입니다. 정신건강에도 유해한 일이죠. 최악의 경우 내 곁에 아무도 남지 않을 수도 있습니다. 반대로 나 또한 별일 아닌 일로 손절당할 수도 있고요. 그러니 웬만하면 칼 같은 손절보다는 거리 두기를 잘하는 것이 훨씬 바람직합니다. 적절한 거리 두기를 위한 다섯 가지 방법은 다음과 같습니다.

1. 중요한 소식을 공유하는 빈도 줄이기

개인적인 일상이나 중요한 결정 사항 공유를 자제하는 겁니다.
상대방과의 심리적 거리를 자연스럽게 넓히는 효과가 있습니다.

2. 연락과 만남 횟수 줄이기

불필요한 연락이나 만남을 최소화하세요. 꼭 필요한 경우에만
소통하되, 그 빈도를 점진적으로 줄이세요.

3. 인적 네트워크 공유하지 않기

다른 인간관계나 사회적 연결망을 상대방과 공유하지 마세요.
자연스럽게 상대방이 내 삶에 깊이 관여할 기회가 제한됩니다.

4. 인간적인 관심을 드러내는 언행 줄이기

과도한 친밀감이나 관심을 표하지 않고, 필요 이상으로 상대
방의 일에 개입하거나 조언하는 것을 자제해야 합니다.

5. 괜한 적을 만들지 않도록 적개심 드러내지 않기

상대방에 대한 부정적인 감정을 직접적으로 표현하지 않아야
합니다. 불필요한 갈등을 피하고 중립적인 태도를 유지하세요.

전부 비교적 쉬운 방법이지만, 적개심을 드러내지 않는 게 특히 중요합니다. 지나치게 솔직한 성향이 있는 사람들은 순간적인 감정에 휩싸여 적개심을 드러내기도 합니다. 하지만 우리의 목표는 상대와 거리 두기라는 걸 잊지 말아야 합니다. 굳이 적을 만들 필요는 없습니다.

인간관계에서 완전한 손절보다 적당한 거리를 유지하는 것이 더 바람직한 이유는, 세상이 생각보다 좁고 우리의 감정이나 관계도 시간이 지나며 달라질 수 있기 때문입니다. 지금은 마음이 맞지 않더라도 상황에 따라 다시 가까워질 수도 있습니다. 따라서 섣불리 적을 만들기보다는 자연스럽게 접점을 줄여나가며 서로에게 편안한 거리를 유지하는 것이 좋습니다. 불필요한 갈등을 피하면서도 언제든 서로를 존중할 수 있는 여지를 남겨두는 것이 성숙하고 지혜로운 태도일 것입니다.

괜찮은 조건을 갖췄는데도
주변 사람들이 떠나는 이유

딱히 눈에 띄는 문제가 없는데, 인간관계가 좁은 사람들이 있습니다. 왜 그럴까요? 크게 세 가지 이유를 꼽을 수 있습니다.

첫째, 원래 성격상 사람들과 어울리는 걸 별로 좋아하지 않아서 굳이 여러 사람을 사귀지 않았던 겁니다. 이런 사람들은 비교적 외로움을 덜 느껴서 어릴 때부터 친구 사귀는 일에 큰 관심이 없었거나, 인생의 특정 시기에 개인적 과업을 달성하기 위해 자발적으로 고독을 선택했을 수 있습니다. 그렇다고 사회성이 부족한 사람들이라고 말할 수는 없습니다. 자신의 상황에 따라 관계의 폭을 능동적으로 조절할 수 있는 사람도 있기 때문입니다. 쉽게 말해서 친구를 못 사귀는 게 아니라 안 사귀는 유형이죠.

둘째, 사람을 사귀고 싶은 마음은 있으나, 건강 문제 등으로 사회적 활동을 하지 못하거나 불가피하게 고립된 경우입니다.

마지막으로, 한때는 주변에 사람이 많았지만, 부적절한 언행이나 인격적 문제로 인간관계가 악화되어 점점 고립되는 경우가 있습니다. 범죄나 사기 등 사회적 물의를 일으켜 주변인에게 절연당하거나, 별다른 사건이 없어도 인격적 결함으로 인해 자연스럽게 관계가 소원해지는 것이죠. 이 세 번째 유형은 다음과 같은 특징이 있습니다.

1. 자신이 우월해 보이고자 주변 사람들의 자아를 짓밟는다

흔히 사회에서 중요하게 여겨지는 세속적 가치로 '돈', '외모', '지위' 세 가지를 꼽을 수 있습니다. 속물적이고 피상적인 가치라고 평가절하하는 시선도 있지만, 그럼에도 여전히 많은 사람이 선망한다는 사실은 부정할 수 없습니다.

그런데 돈, 외모, 지위에서 우월성을 획득했음에도 주변 사람들이 학을 떼고 떠나가는 경우가 있는데요. 그 이유는 역설적으로 자신의 돈, 외모, 지위가 인생의 전부라고 믿었기 때문입니다. 이런 사람들은 불안정한 자존감을 감추려고 자아를 비대하게 키운 경우가 많은데요. 나르시시즘이 강해 어디를 가든 서열에 집착하는 모습을 보입니다. 대등하고 동등한 관계가 아닌, 반드시 자신이 남들보다 우월한 지위를 획득해야만 만족합니다. 또한 높은 지위를 얻는 데 집착할수록 다른 사람을 자기보다 아래로 보는 경향이 있어서 자연스레 타인을 무시하는 것으로 이어집니다.

2. 독선적인 화법을 자주 쓴다

독선적인 사람들은 상대방이 하는 말의 맥락을 고의로 무시하고 자기한테 유리한 방향으로 왜곡하는 경향이 있습니다. 서울대학교 뇌인지과학과 이인아 교수에 따르면, 상대방의 현실 인식을 조작하여 자신을 의심케 하는, 즉 가스라이팅을 하는 사람들은 제대로 이해하지 못했거나 잘 모르는 내용도 굉장히 확신에 차서 말한다고 합니다. 듣는 사람 입장에서는 상대가 확신에 차서 말하면 그만큼 잘 알기 때문에 저렇게 말하는 거라고 믿는 심리를 이용하는 것이죠.

자신과 다른 생각을 하는 사람을 모두 '문제가 있는 틀린 사람'으로 몰아가는 독선적인 화법에는 타인의 반박을 미리 차단하려는 의도가 깔려 있습니다. 이런 화법은 상대방의 신뢰도나 인격을 미리 공격해서 그들의 주장을 신뢰할 수 없게 하는 '우물에 독 타기 오류*Poisoning the Well*'를 범합니다. 상황의 복잡성을 무시한 채 지나치게 단순화한 자신의 주장을 받아들이지 않는 사람을 정신적으로 문제가 있거나 지능이 떨어진다고 매도하는 경우가 이에 해당합니다.

독선적인 화법을 자주 쓰는 사람은 주로 불안감이 심하고 정서적으로 고립된 사람을 먹잇감으로 삼는데요. 이인아 교수에 따르면, 이들은 타깃이 진실에 접근하지 못하게 제한된 정보만 던집니다. 상대가 주체적으로 판단하지 못하도록 통제하고, 나쁜 의도로 조종하기 위해 잘못된 맥락을 주입하는 거죠.

사실 이런 화법을 자주 쓰는 사람의 내면에는 두려움과 불안감이 있습니다. '내 생각이 틀릴 수도 있다'는 사실에 대한 깊은 불안과 강한 나르시시즘을 지닌 사람이 자기 내면의 불안을 은폐한 채 영향력을 행사하고 싶을 때 굉장히 독선적인 화법을 구사하는 것이죠. 결국 주변 사람들이 떠나가게 만드는 요인으로 작용합니다.

펜실베이니아대학교 와튼스쿨의 조직 심리학 교수 애덤 그랜트는 사람들이 자신감 넘치는 사람들의 목소리에만 관심을 기울이고 신중한 목소리에는 관심을 기울이지 않는다고 말합니다. 그랜트는 확신은 신뢰의 표시가 아니며 단호한 목소리가 깊은 생각을 대신할 수는 없다고 하는데요. 말만 번드르르한 사람보다 깊이 생각하는 사람에게 더 많이 배울 수 있다고 강조합니다.

3. 자신의 '착함'에 대한 보상을 지나치게 요구한다

이들은 겉보기엔 무척 친절한 사람 같습니다. 특히 관계 초반에는 세상에 이렇게 착한 사람이 있나 싶을 정도로 헌신합니다. 하지만 시간이 지날수록 왠지 모르게 점점 불편해지는데요. '이런 생각을 하는 내가 이상한 건가?' 하는 자기 의심에 사로잡힐 때도 있지만, 결국 원인을 알게 되죠. 그 사람이 자신의 '착함'을 지나치게 과시하는 듯한 태도 뒤에 강한 보상 심리를 감추고 있었다는 걸 깨닫게 된 겁니다. 겉으로는 헌신적으로 보이지만, 속으로는 다른 의도를 품고 있었던 거죠. 물론 100퍼센트 순수한 선의로만 충만한 사람은 거의 없을 겁니다. 하지만 보상 심리가 유독 강한 사람의 경우 겉과 속의 괴리가 너무 커서 시간이 흐를수록 주변 사람들이 불편함을 느끼는 겁니다.

이런 세 가지 특징을 가진 사람들은 지나치게 자기중심적이고 공감 능력이 부족하다는 공통점이 있습니다. 그래서 자신의 욕구 충족을 위해 다른 사람들에게 피해를 주기도 합니다. 인생에서 이른바 잘나가는 시기에는 언뜻 화려해 보일 수 있으나, 오래가지 못할 가능성이 크죠.

물론 인간관계가 얕고 좁은 사람이라고 해서 모두 이런 성격을 지닌 건 아닙니다. 앞서 말한 것처럼 개인의 선택일 수도 있고, 불가피한 상황이 있을 수도 있으니까요. 그럼에도 인간관계가 단절되는 상황이 반복된다면, 혹시 내가 자기중심성이 너무 강하거나 배려심이 부족한 건 아닌지 스스로를 되돌아보세요.

그럼 괜찮은 세속적 조건을 갖추고 인품까지도 좋은 사람이 되려면 어떻게 해야 할까요? 앞서 언급한 세 가지 특징과 정반대로 하면 됩니다. 상대방을 존중하며 겸손하고 진실한 화법을 구사하면 됩니다. 또한 집착하지 않는 베풂, 즉 불교에서 말하는 무주상보시無住相布施를 실천하세요. 이는 상대가 필요로 하는 무언가를 베풀 때 '내가 베푼다'는 생각조차 없이 돕는 것으로, 보상을 기대하지 않는 건 물론이고 자만심과 분별심까지도 내려놓는 것입니다. 성경의 마태복음에 나오는 "오른손이 하는 일을 왼손이 모르게 하라"는 말과 비슷한 맥락이라고 할 수 있습니다.

동의할 수 없는 관점을
지닌 사람들과도 잘 지내려면

사람들은 저마다 다양한 가치관을 갖고 살아갑니다. 군대나 종교 단체처럼 특수 목적 집단은 논외로 하고, 획일성보다는 다양성을 존중해야 한다는 데 많은 사람이 동의하는 듯합니다. '다름'은 말 그대로 다른 것이지 틀린 게 아니니까요. 그렇다면 우리는 타인의 관점을 어디까지 수용해야 하는 걸까요? 그리고 도저히 동의할 수 없는 관점을 지닌 사람과도 척지지 않고 평화롭게 잘 지낼 방법이 있을까요?

의식하든 못하든, 사람들은 대부분 자신만의 어떤 믿음을 품고 살아갑니다. 그 믿음은 사소한 미신일 수도 있고, 정치나 종교적 신념일 수도 있으며, 남들이 볼 때 터무니없는 음모론이나 망상처럼 보일 수도 있습니다. 독일의 신경과학자이자 정신의학자인 필리프 슈테르처는 《제정신이라는 착각》에서 당뇨나 고혈압이 만연해 있듯이 건강한 사람들 사이에서도 망상적 사고 경향이 퍼져 있다고 말합니다. 이 책에 소개된 하버드대학교 정신과 의사 브렌던 아널드 마허는 이미 1980년대에 비합리적 확신이 예외라기보다는 규칙에 가깝다고 주장했다는데요. 사실 망상과 같은 이야기는 흔하며, 신경정신과 의사들이 망상이라고 진단할 수 있을 만한 '이상한 확신'을 대부분의 사람들이 품고 있다는 겁니다.

여기서 힌트를 얻을 수 있습니다. 우리는 모두 저마다 확고한 신념을 가지고 있으며, 그것이 때로는 타인에게 비합리적으로 보일 수 있습니다. 그렇다면 나 또한 어쩌면 나만의 이상한 확신을 가지고 있을지도 모른다고 생각해보면 어떨까요? 동의할 수 없는 생각을 가진 누군가를 볼 때도 이런 관점에서 접근한다면 보다 더 관대해질 수 있지 않을까요?

상대의 의견에 '동의'하지 않아도 '이해'하고 '존중'할 수 있는 지성의 힘

평소 알고 지내는 지인인 P씨는 '작가'라는 직업에 부정적인 견해를 가지고 있었습니다. 과거에는 신춘문예를 통한 등단 등 진입장벽이 높아 아무나 책을 내기 어려운 환경이었지만, 이제는 누구나 책을 쓸 수 있는 시대가 도래하여 작가의 희소가치가 사라졌다. 그러니 작가가 되고 싶다는 이유로 책을 쓰겠다는 건 허상에 불과하다는 것이 P씨의 생각이었죠. 실제로 1인 출판사가 급증하면서 출판의 장벽은 낮아졌습니다.

그런데 소셜 미디어 속 창작자들은 어떤가요? 유튜브 채널을 개설해 영상을 올리는 사람은 누구나 유튜버라 불릴 수 있고, 인스타그램에 만화를 올리는 사람도 인스타툰 작가가 될 수 있습니다.

책을 쓰는 작가도 마찬가지입니다. 이제는 누구나 자비출판이나 1인 출판사를 설립해 저자가 될 수 있습니다. 그러나 독자들에게 오랫동안 사랑받는 작가가 된다는 건 다른 차원의 이야기입니다. 하지만 P씨는 진입장벽의 높고 낮음으로 업의 의미를 평가했던 거죠.

'동의'와 '이해'는 다릅니다. 우리는 상대방의 견해에 동의하지 않더라도, 그 사람이 왜 그런 생각을 하는지는 이해해볼 수 있습니다. 이것이 바로 역지사지易地思之입니다. 작가에 대한 P씨의 생각에 동의하지는 않더라도 P씨가 그런 생각을 하게 된 맥락을 알고 이해할 수 있습니다.

실제로 P씨 주변에는 한국인 최초로 노벨문학상을 수상한 한강 작가처럼 소명 의식을 품고 집필에 임하는 작가보다는 책을 비즈니스의 도구로 삼는 사람이 많았습니다. P씨가 작가라는 직업에 부정적인 견해를 갖게 된 배경에는 이런 맥락이 있었을지도 모릅니다. 단언하지 않는 이유는 저도 정답은 알 수 없기 때문입니다. 그저 저와 다른 가치관을 지닌 상대방을 이해하려고 시도할 뿐이죠.

이처럼 상대방의 관점에서 이해하고 인정하며 상대를 헤아리는 능력을 심리학에서는 '조망수용*perspective-taking*'이라고 합니다. 저와 다른 견해를 가진 P씨의 마음을 헤아려볼 수 있는 건 조망수용 능력 덕분입니다. 비록 동의하지 못하는 영역이 존재하긴 해도 P씨의 입장과 배경을 이해할 수 있었기에 지금도 서로 잘 지냅니다.

이 문제를 뇌과학적으로도 접근해볼 수 있는데요. 신경과학자 리사 펠드먼 배럿은《이토록 뜻밖의 뇌과학》에서 누군가의 관점을 상상해보는 훈련을 통해 '미래 예측'을 유연하게 바꿀 수 있다고 말합니다. 논쟁하려 들기보다는 '나만큼 똑똑한' 그들이 왜 그런 신념을 갖게 되었는지 이해해보려는 시도가 뇌의 예측 메커니즘을 변화시킨다는 겁니다. 즉 우리는 상대방의 의견에 동의하지 않아도 이해는 할 수 있으며, 갈등을 줄여 관계를 보다 건강하게 만들 수 있습니다.

세상에 완벽한 사람은 없습니다. 에리히 프롬도《사랑의 기술》에서 "우리는 모두 다소간 정신이상이고 다소간 잠자고 있다. 우리는 모두 세계에 대한 비객관적 견해, 곧 우리의 자아도취적 방향에 의해 왜곡된 견해를 갖고 있다"고 썼습니다. 프롬은 우리가 사랑의 기술을 배우려고 한다면, 모든 상황에 객관적이려고 노력해야 하며 자기 자신이 객관성을 잃고 있는 상황에 민감해야 한다고 말합니다. 여기서 객관성을 확보한다는 것은 '생각'과 '정체성'을 동일시하지 않고 지혜롭게 분리하여 바라본다는 뜻이기도 합니다. 객관성을 잃지 않는다면, 나로서는 납득할 수 없는 의견을 고수하는 사람일지라도 그 존재 자체는 존중할 수 있습니다.

타인과의 관계 속에서 서서히
그리고 꾸준히 성장하기

인간은 타자와의 상호작용을 통해 외부 대상이 지닌 속성을 내면화하여 성장합니다. 나에게 긍정적인 영향을 주는 타인의 좋은 면은 받아들이고, 그렇지 않은 면은 걸러낼수록 나 또한 성숙한 사람이 됩니다.

상대방의 미성숙한 면을 억지로 바꾸는 건 매우 어렵습니다. 사람은 외부의 압력이 아닌, 스스로의 의지로 성장하는 존재이기 때문입니다. 다만 상대방에게 어떻게 반응할지는 우리 스스로 선택할 수 있습니다. 상대를 바꾸긴 어렵더라도 나의 태도를 유연하게 조정함으로써, 내가 동의할 수 없는 관점을 지닌 사람과도 원만하게 소통하며 건강한 관계를 만들어갈 수 있습니다. 일상에서 이런 태도를 실천하기 위한 방법은 다음과 같습니다.

1. 이해 일기 쓰기

주기적으로 주변 사람들과의 관계를 돌아보고, 그들이 나에게 미치는 영향을 기록해봅시다. 인상 깊었던 대화나 상호작용을 기록하고, 그로부터 얻은 교훈이나 영감을 적어봅니다. 이런 과정을 통해 자신의 관계 패턴을 이해하고, 긍정적인 관계는 강화하며 부정적인 관계는 개선할 방법을 모색할 수 있습니다.

2. 적극적 경청

대화할 때 상대방의 말을 중간에 끊지 않고 끝까지 듣는 연습을 합니다. '제가 이해한 바로는'과 같은 사려 깊은 표현을 쓰며 상대방의 말을 정리해봅니다. 자기중심성에서 벗어나 상대의 관점을 더 깊이 이해할 수 있습니다.

3. 배울 점 찾기

누구나 장단점이 있기 마련입니다. 단점만 있는 사람은 없습니다. 나와 잘 맞지 않는 것처럼 보이는 사람과 소통할 때는 그 사람에게서 배울 수 있는 점을 찾아보는 연습을 해봅시다. 이런 태도를 갖추면 상대방의 편향된 시각에 휘둘리지 않으면서도 그 사람의 전문성이나 강점에서 많은 것을 배울 수 있습니다.

발타자르 그라시안이 말했듯, 진실은 양날의 검과 같아서 사람의 심장을 도려낼 수도 있습니다. 진실은 소중한 가치이지만, 항상 조심히 다뤄야 합니다. 상대에게 불편할 수 있는 진실을 매번 직면시킬 필요는 없습니다. 상대방의 견해에 '동의'할 수는 없더라도 그 사람만의 서사와 맥락이 있음을 '이해'할 수 있다면 서로를 더 깊이 존중하며 평화롭게 지낼 수 있습니다. 그렇게 우리의 세계는 한층 더 넓어질 겁니다.

누군가를 진정으로 이해하려면,

반드시 그의 시선으로 사물을 바라봐야 해.…

마치 그의 피부 속에 들어가 그 안을 걸어 다니듯이 말이야.

_하퍼 리

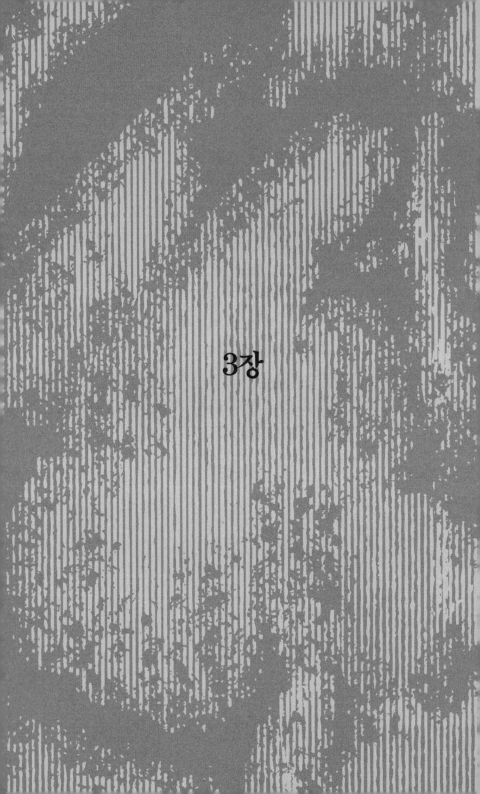

3장

너무 멀지도 가깝지도 않은
어른의 우정

나는 친구가
얼마나 필요한 사람인가?

"우리는 가장 많은 시간을 함께 보낸 다섯 사람의 평균이다."

미국의 동기부여 연설가 짐 론이 한 명언으로 알려져 있는데요, 그만큼 가까운 친구들이 우리 삶에 지대한 영향을 미친다는 것을 함축하는 말입니다. 이 명언은 단순한 수사법이 아니라 실제 연구로도 확인된 바 있습니다.

니컬러스 A. 크리스타키스와 제임스 파울러의 연구에 따르면, 친구가 비만이면 나도 비만이 될 확률이 높습니다. 칼로리가 높은 음식을 먹는 친구의 행동과 생각을 의식적이든 무의식적이든 모방할 가능성이 크기 때문입니다. 친구가 금연을 하면 나도 덩달아 금연을 할 가능성이 크고, 친구가 행복하면 나에게도 행복이 전염될 가능성이 높아집니다. 더 나아가 직접 연결되지 않은 친구의 친구와도 서로 영향을 주고받는다는 사실까지 밝혀졌습니다.

가까운 관계에서의 상호 의존성과 영향력은 사회적 네트워크 구조를 통해 더 자세히 살펴볼 수 있는데요. '던바의 수'로 유명한 영국의 인류학자 로빈 던바는 150명으로 구성된 인간의 사회적 네트워크 안에는 친밀도에 따라 구분되는 '우정의 원'이 존재한다고 말합니다. 이 우정의 원에서 한가운데에 위치한 것이 '지지 모둠support clique'인데요. 정서적·물질적으로 서로에게 아낌없이 도움과 조언을 주고받는 이들로, 우리가 흔히 '절친'이라고 하는 사람들입니다. 바로 이 지지 모둠의 구성원 수가 '5명' 내외로, 사람들은 대부분 평균적으로 이 정도의 절친이 있습니다.

짐 론이 던바의 연구 결과를 알고 있었는지 모르겠지만, 흥미롭게도 '다섯 사람'이라는 숫자는 같습니다. 물론 모든 사람이 꼭 5명이라는 숫자를 맞춰 친구를 사귄다는 건 아닙니다. 저마다 기질과 취향, 상황에 따라 친한 친구의 수는 다를 수 있습니다. 누군가는 2~3명의 친구만 있어도 만족하고, 누군가는 더 많을 수도 있습니다. 친한 친구가 아예 없거나 1명인 사람도 있을 겁니다. 절친이 몇 명인지에 정답은 없습니다. 개인의 성향과 환경에 따라 그보다 적을 수도, 더 많을 수도 있겠죠.

중요한 건, 내가 몇 명의 친구를 필요로 하는 사람인지 아는 일입니다. 다양한 사교 모임에 나가서 친구를 사귀려는 노력도 필요하지만, 무엇보다 내가 어떤 사람인지 잘 알아야 합니다. 친밀한 관계는 대체로 '유사성'을 기반으로 형성되죠. 그래서 자기 자신을 잘 알수록 나와 잘 맞는 친구가 어떤 특징을 지녔을지 유추할 수 있습니다.

가령 외향성이 강한데 외로움을 자주 느끼는 사람이라면, 한두 사람과 깊은 관계를 맺는 것으로는 만족하지 못할 수 있습니다. 이들은 다양한 사교 활동을 바쁘게 하면서 얇고 넓은 관계를 맺으며 활력과 유용한 정보를 얻을 때 더 만족감을 느끼기 때문입니다. 반면, 내향성이 강한 사람들은 좁고 깊은 관계에서 정서적 지지를 나눌 때 충만감을 느낄 가능성이 큽니다.

우리 인생의 시간은 한정적이라 누군가에게 써버린 시간은 다른 누군가에게 다시 쓸 수 없습니다. 따라서 소중한 시간을 어떤 사람들과 함께 보낼 것인지 현명하게 선택해야 합니다.

사람들은 대부분 연애 대상으로서의 이상형이나 미래의 배우자에 대해서는 중요한 관계로 여기며 깊이 생각하지요. 그런데 나와 잘 맞는 친구에 대해서는 그리 생각하지 않는 듯합니다. 지금부터 그런 고정관념을 내려놓고, 자신만의 우정 로드맵을 새롭게 그려보는 건 어떨까요? 다음 질문들에 답하면서 이상적인 친구 관계를 정리해보세요.

1. 많은 사람과 폭넓게 교류하는 것과 소수의 친구들과 깊이 있는 대화를 나누는 것 중 어느 쪽에서 더 큰 만족감을 느끼나요? 구체적으로 어떤 상황에서 그런 만족감을 느끼나요?

2. 인본주의 심리학자 매슬로가 말한 '자기실현하는 사람'의 특징처럼 고독과 사생활을 중요하게 여기나요? 그렇다면 어떤 방식으로 추구하나요?

3. 지금 바로 가장 친한 친구를 떠올려보세요. 그 친구와 함께 있을 때 나는 주로 어떤 감정을 경험하나요? (만일 현재 떠오르는 친구가 없다면, 나에게 이상적인 친구는 구체적으로 어떤 모습을 하고 있을지 상상해보세요.)

4. 힘든 일이 있을 때, 나는 어떻게 대처하나요? 예를 들어 직장에서 큰 실수를 했다면 누구에게 가장 먼저 연락하고 싶나요? 그 이유는 무엇일까요?

5. 친구와 대화할 때, 나는 주로 어떤 역할을 맡나요? 이야기를 하는 것과 듣는 것 중 어느 쪽이 더 편안한가요? 왜 그런 패턴이 형성되었을까요?

6. 친한 친구가 큰 성공을 거두었을 때, 나는 어떤 감정을 경험하나요? 진심으로 기뻐하기 어려웠던 경험이 있다면 그때의 상황과 감정을 구체적으로 떠올려보세요.

7. 친구의 어떤 단점이나 결점도 받아들일 수 있나요? 받아들이기 어렵다면, 어떤 점이 그런가요? 그 이유는 무엇일까요?

8. 나의 어떤 특성이 친구들에게 부담이 될까요? 그 상황을 개선하기 위해 어떤 노력을 하고 있나요?

9. 지금 이 순간 연락하고 싶은 친구가 있나요? 어떤 이야기를 나누고 싶나요? 그동안 하지 못했던 어떤 말을 전하고 싶나요?

10. 건강한 우정을 위해 가장 소중하게 지키고 싶은 가치는 무엇인가요? 그 가치를 실천하기 위해 일상에서 할 수 있는 작은 행동은 무엇이 있을까요?

11. 앞으로 한 달 동안 우정을 발전시키기 위해 실천하고 싶은 구체적인 행동 세 가지를 적어보세요. 가능한 한 구체적으로요.
(예: 이번 주 토요일 오후에 ○○에게 전화해서 커피 한잔 하자고 말한다.)

내면의 자아와 대화를 나누듯이 솔직하고 구체적으로 답변해 보세요. 자신의 내면을 더 깊이 들여다볼 수 있을 겁니다. 그동안 미처 몰랐던 욕구와 가치관을 새롭게 발견할 수도 있고요.

건강한 우정과 좋은 관계는 자신의 마음을 알아차리는 것에서 시작합니다. 자기 자신을 깊이 이해할수록 소중한 친구가 누구인지도 알 수 있고, 나 또한 누군가에게 더 좋은 친구가 될 수 있습니다.

온라인 세계에서
느끼는 연결감

나를 적극적으로 드러내며 홍보해야 하는, 이른바 퍼스널 브랜딩의 시대입니다. 하지만 저는 이런 시대정신에 휩쓸리지 않고 유유자적하며 마음 가는 대로 살고 싶은 마음이 컸습니다. 자신의 빛을 부드럽게 하여 세속의 티끌과 함께한다는 화광동진和光同塵의 삶을 동경해왔는데요. 나를 드러내지 않고 조용히 살면서도 세상과 연결되어 기여하는 삶을 바랐습니다. 이런 삶이 저의 타고난 본성에 잘 맞을 뿐 아니라, 이렇게 살아도 괜찮았다고 믿어왔으니까요.

현재 활동 중인 소셜 미디어 플랫폼은 인스타그램을 포함해 3개뿐이고, 온라인 커뮤니티는 안 한 지 거의 십수 년이 지났습니다. '안 한다'는 기준은 커뮤니티에 참여하여 글이나 댓글을 쓰지 않는다는 뜻입니다. 애정하는 유튜브 채널에도 좀처럼 댓글을 남기지 않습니다. 온라인 커뮤니티 활동을 중단하게 된 특별한 계기가 있었던 건 아닙니다. 하지 않다 보니 자연스럽게 멀어졌을 뿐입니다. 이에 대해 별다른 자각조차 없었는데, 언젠가 글을 쓰다가 문득 온라인 활동에 대한 심리적 장벽이 있을지도 모른다는 생각이 들었습니다. 왜 그럴까 하고 마음을 들여다보니, 두 가지 이유가 있었습니다. 사적 공간이 아닌 곳에는 특별히 흔적을 남기고 싶지 않았고, 온라인 활동에 중독될 수 있다는 가능성 때문에 스스로를 경계했던 것 같습니다.

그러던 중 이런 심경에 변화를 준 소소한 사건이 발생했습니다. 이 책을 집필하고 있던 어느 날이었습니다. 우연히 유튜브 홈 화면에서 '스터디 윗 미*Study With Me*'라는 제목의 라이브 영상을 발견했습니다. 호기심에 들어가보니 감정평가사를 준비하는 분이 빗소리 효과음만 나오게 세팅해둔 채 단 한마디도 하지 않고 혼자 공부를 계속하고 있었습니다. 놀랍게도, 구독자가 그리 많지 않은 채널인데도 대낮의 라이브 방송 시청자가 150명 가까이 되었습니다. 이 라이브 영상을 틀어놓은 채 원고를 쓰고 있었는데요. 이름도, 목소리도 모르는 생면부지의 채널 주인과 연결된 듯한 묘한 안정감을 느꼈습니다. 같은 시각, 다른 공간에서 각자의 일에 몰입하는 동안 저는 그분과의 연결감을 느낀 겁니다. 그

때 깨달았습니다. 아, 그래서 이 많은 사람이 이런 라이브 방송을 보는구나.

검색해보니, 비슷한 콘셉트의 라이브가 국내외에 상당히 많았습니다. 타인과 연결되고자 하는 마음이 온라인 세상에서 이런 형태로도 발현될 수 있다는 걸 알게 되었죠. 심리학과 커뮤니케이션 분야에서는 이를 '파라소셜 상호작용*Parasocial Interaction*'이라고 합니다. 시청자가 미디어 속 인물과 직접적인 상호작용 없이도 교감을 나누는 듯한 연결감을 일시적으로 느끼는 현상을 뜻합니다. 파라소셜 상호작용이 장기간 지속되면 상대와 관계가 형성되었다는 깊은 친밀감을 느끼게 되는데, 이를 '파라소셜 관계*Parasocial Relationship*'라고 합니다.

트위터는 인생의 낭비가 아니었다

사람들이 소셜 미디어의 부정적인 측면을 강조할 때 자주 인용하는 문구가 있습니다. 영국 맨체스터 유나이티드 FC 퍼거슨 감독의 "트위터(현 'X')는 인생의 낭비다"입니다. 앞뒤 맥락을 모르면 퍼거슨 감독이 소셜 미디어 사용을 통렬히 비판한 것처럼 들리지만, 실제로는 그렇지 않습니다.

2011년, 축구 선수 웨인 루니가 트위터에서 욕설을 하며 논쟁을 벌여 물의를 일으킨 적이 있었습니다. 이에 대해 퍼거슨 감독은 당시 기자회견에서 "축구 선수들이 본인의 말과 행동에 책임감을 가질 필요가 있다"라고 말했는데요. 그러면서 "What a waste of time(이 얼마나 시간 낭비인가)"이라고 했습니다. 트위터에서 논쟁을 벌일 시간이 있으면 차라리 도서관에 가서 책이나 읽으라고 말한 것입니다. '인생의 낭비'라는 표현은 한 번도 쓰지 않았습니다. 한국에 널리 알려진 그 말은 명백한 오역인 셈이죠.

기나긴 인류사를 되돌아보면, 인터넷과 소셜 미디어라는 신기술이 대중화된 것은 아주 최근의 일입니다. 인류는 언제나 새로운 기술이 등장할 때마다 설렘과 동시에 두려움과 불안이라는 양가감정을 느꼈습니다. 사진기, 라디오, 텔레비전이 처음 등장했을 때도 사람들이 마냥 장밋빛으로만 봤던 건 아니었습니다. 낙관적인 시각으로 보는 사람들이 있는가 하면, 한쪽에서는 신기술의 잠재적 위험성을 걱정하는 목소리가 항상 있었습니다. 인터넷과 소셜 미디어도 마찬가지입니다. 사람들이 여전히 퍼거슨 감독의 말을 인용하며 소셜 미디어를 '인생의 낭비'라고 하는 것도 어느 정도 이해가 됩니다.

그런데 온라인 활동이 꼭 부정적인 결과를 초래하는 건 아닙니다. 물리적으로 거리가 먼 곳에 있는 지인이나 친구들과도 클릭 몇 번으로 만날 수 있게 해주는 도구가 바로 인터넷과 소셜 미디어입니다. 한 연구에 따르면, 소셜 미디어를 적극적으로 활용하는 사람일수록 온라인과 오프라인을 넘나들며 더 탄탄한 인간관계를 맺고, 사회적 지지를 두루 얻는 것으로 나타났습니다. 물론 부정적인 결과를 보여주는 연구도 있습니다. 소셜 미디어를 많이 사용하는 사람일수록 사회적 고립감과 외로움을 느낄 확률이 두 배 이상 높았다고 합니다. 특히 소셜 미디어는 한창 성장 중인 청소년에게는 훨씬 유해할 수 있는데요. 미국의 사회심리학자 조너선 하이트는 《불안 세대》에서 소셜 미디어가 Z세대 청소년들의 정신건강에 미친 악영향을 지적한 바 있습니다.

온라인 세계의 관계와 연결감

온라인 활동은 우리의 사회성에 어떤 영향을 미칠까요? 먼저 부정적인 측면은 익명성을 바탕으로 한 온라인 세계에서 사람들이 더 자기중심적으로 행동할 수 있다는 점입니다. 오프라인인 현실에서는 얌전해 보이는 사람이 온라인에서는 과격해지는 경우가 이를 방증합니다. 특히 사회성을 길러야 하는 청소년기에 오프라인을 등한시한 채 온라인에만 몰두하면 타인과 상호작용을 하며 관계를 맺는 법이나 갈등을 해결하는 법 등을 제대로 배우지 못할 위험이 있다고 전문가들은 경고합니다. 예를 들어 온라인 세계에서는 상대방이 마음에 들지 않으면 욕설을 하고 창을 닫아버리면 그만이겠지만, 현실에서 만나는 타인과의 갈등은 그런 식으로 해결할 수 없습니다. 아무리 디지털 세계가 발전한다고 해도 현실의 물리적 공간과 똑같을 수는 없습니다. 직접 사람을 만나 눈빛을 교환하고 가벼운 신체 접촉을 하는 등 직접적인 교감은 여전히 중요합니다.

반면, 이점도 있습니다. 온라인 세계의 우정이 전적으로 해로운 것만은 아닙니다. 코로나19 팬데믹 때처럼 오프라인 활동이 크게 제한되어 고립감을 느낄 때, 온라인은 중요한 연결 창구가 될 수 있습니다. 현재 주변에 아는 사람이 없어서 외롭다면 온라인에서라도 누군가와 소통하는 것이 고립감을 덜어내는 데 도움이 될 수 있습니다. 특히 특정 관심사를 가진 사람들의 온라인 커뮤니티 활동은 소속감을 부여하고 네트워킹 기회를 제공하는 방식으로 사회성 발달에 기여할 수 있습니다.

이 책의 원고를 쓰던 시기에 흥미로운 온라인 모임에 참여한 적이 있습니다. 유튜브 크리에이터이자 작가인 최서영 님의 기록 모임인 '서록서록'이었는데요. 이 모임에서 온라인 활동에 대한 심리적 장벽을 허무는 도전을 하게 되었습니다. 100명 이상의 회원이 그날의 주제에 맞춰 글을 기록하고 단체 채팅방에 공유하며 느끼는 연대감은 신선한 자극이었습니다. 그곳에서 많은 분들의 이목을 집중시키는 빼어난 기록을 남긴 적은 없는 듯합니다. 낯을 가리는 성격이 단체 채팅방에서도 고스란히 묻어난 듯하지만,

개인적으로 유의미한 변화는 있었습니다. 잘 쓰겠다는 욕심을 내려놓고 저와의 작은 약속을 매일 지킨다는 마음으로 1년 이상 꾸준히 썼으니까요. 가끔 오프라인 모임으로 얼굴을 마주하며 친목을 다지기도 했는데, 채팅방에서 닉네임으로만 알던 분들과 직접 만나 이야기를 나누는 경험은 인간적 연결의 가치를 다시 한번 일깨워준 시간이었습니다.

평소 많은 단체 채팅방에 속해 있지만, 꼭 필요한 일이 아니면 말을 아끼는 편입니다. 제가 호스트인 단톡방에서도 말이 많지 않고, 멤버들이 주도적으로 활발하게 이끌어가고 있습니다. 이렇게 말수가 적은 저이지만, 온라인과 오프라인의 경계를 넘나드는 교류를 통해 온라인 활동에 대한 심리적 장벽을 조금씩 허물어 나갈 수 있었습니다.

주변에 사람은 많은데
정작 친구는 없어서 외롭다면

천연덕스럽게 이런 말을 하는 사람이 있다면 어떨까요. 어린 시절에 부모님의 이혼을 겪은 누군가에게 "너, 친엄마 없이 자랐구나?"라고 말하는 사람, 자녀가 없는 기혼 여성에게 "아직도 아이가 없네?"라고 묻는 사람, 자산이 없는 사람에게 "서울에 자가 아파트가 없어?"라고 묻는 사람. 왜 이런 걸 물어보는지 이상하게 보이겠죠. 타인의 사생활이나 결핍을 함부로 건드리며 평가하는 태도가 무례하다는 사회적 인식을 공유하고 있으니까요. 그런데 사람들은 의외로 "너 친구 없지?"라는 말을 쉽게 합니다.

쇼펜하우어처럼 고독을 긍정하는 철학자나, 헤르만 헤세의 소설 속 주인공들처럼 외로움을 내면 성찰과 예술적 영감의 원천으로 승화시키는 인물들은 멋지게 그려지곤 합니다. 반면, 고독에 대한 긍정적인 시선은 문학과 철학 속에 머무를 뿐, 정작 우리 현실 속의 '혼자'는 부정적인 시선을 받기 일쑤입니다.

　왜 사람들은 '친구가 없다'고 남을 조롱하는 걸까요? 친구가 없다는 걸 인간적인 결함이 있다는 증거로 여기기 때문일 겁니다. 그렇다면 친구가 많은 사람은 무조건 좋은 사람이라고 볼 수 있을까요? '좋은 사람'이라는 개념은 주관적입니다. 사기꾼이나 조직 폭력배처럼 사회적 물의를 일으키는 범죄자들도 협업을 위해 무리를 짓는 경향이 있으니 자신과 비슷한 친구들이 주변에 많을 수 있습니다. 그러니 단순히 친구가 많다고 해서 그 사람이 좋은 사람이라고 단언할 수는 없습니다.

내 존재 가치는 친구의 수로
좌우되지 않는다

'친구가 없는 사람'이라고 하면 떠올리는 특정한 이미지가 있습니다. 소극적이고 침울해 보이는 사람, 혹은 하루 종일 집에만 있을 것 같은 모습인데요. 의외로 꼭 그렇지는 않습니다. 실제로 사회생활은 잘하지만 '진짜 친구'라고 할 만한 사람이 없다고 고백하는 사람도 많으니까요.

100만 유튜버인 김창옥 강사도 수년 전까지만 해도 친구가 전무했다고 공개적으로 밝힌 바 있습니다. 직업 특성상 수많은 사람과 어울리기는 했지만, 정작 마음을 터놓을 만한 친구는 한 명도 없었다고 합니다. 그 이유 또한 담담하게 밝혔습니다. 스스로 아니라고 부정했지만, 은근히 남들보다 우위에 선 존재로 살고 싶어 했던 것 같았다고요. 이후 자신의 부족함을 인정하고 진술한 모습으로 사람들을 대하려 노력했더니 비로소 속 깊은 대화를 나눌 친구가 하나둘 생겼다고 합니다.

만약 지금 나에게 친구가 없다면 그건 어떤 의미일까요? 서로의 속마음을 온전히 터놓고 의지할 사람, 기쁨과 슬픔을 오롯이 함께 나눌 존재가 곁에 없다는 의미겠죠. 우리 모두는 분명히 고유한 매력과 장점이 있습니다. 긴 인생 여정에서 특정한 시기에 친구가 없을 뿐입니다. 그러니 친구가 없다고 자책하거나 체념할 필요는 없습니다. 친구의 수가 내 존재 가치를 좌우하지 않기 때문입니다. 좋은 친구가 필요하다면 앞으로 사귀면 됩니다. 다만, 속으로는 원하면서도 겉으로는 그렇지 않은 척 자기를 속이지만 않으면 됩니다.

친구가 없어서 외롭다고 느끼시나요? 그럼 지금부터라도 내가 어떤 사람인지, 어떤 가치관을 지녔는지 숙고하는 시간을 가져야 합니다. 내 삶에서 정말 중요하게 여기는 가치가 무엇인지 생각해보는 거죠. 그렇게 나와 같은 가치관을 공유하는 사람들을 찾아갈 수 있습니다.

아울러 좋은 관계를 가로막는 '내 안의 장벽'은 없는지 살펴봐야 합니다. 내 안의 방어기제, 그림자, 인지 왜곡 등을 탐색해보는 겁니다. 취미나 관심사를 공유하는 모임에 참여하거나, 봉사 활동을 통해 새로운 사람들을 만나는 것도 좋습니다. 용기 내 한 걸음씩 내딛다 보면 어느새 나를 진심으로 이해하는 소중한 인연을 만날 수 있을 겁니다.

친구를 보면 그 사람을
알 수 있는 이유

친구를 보면 그 사람을 알 수 있다는 말이 있습니다. 이를 잘 표현한 고사성어가 《태자소부잠太子少傅箴》에 실려 있는 '근주자적 근묵자흑近朱者赤 近墨者黑'입니다. 붉은색을 가까이하면 붉게 되고, 먹을 가까이하면 검게 된다는 의미인데요. 친구끼리는 서로 쉽게 영향을 주고받기에 닮는 경향이 있다는 뜻입니다. 저 역시 이 말에 공감하긴 하나, 완전히 동의하지 못했던 때가 있습니다. 제 경험과는 다소 차이가 있다고 생각했거든요. 실제로 평소 저는 차분하고 말수가 적은 편이지만, 야생마처럼 말과 행동이 거칠고 자유분방한 친구들과도 어울리곤 했습니다. 누군가가 반사회적 가치관을 가졌거나 사회에 해를 끼치는 게 아니라면, 오히려 저와는 다른 세계관을 가진 사람들에게 호기심과 흥미를 느낄 때가 많았던 것 같기도 합니다.

개방성이 높은 성격과 우호성이 높은 성격

이런 저의 성향은 성격 특성을 다섯 가지로 나눈 빅파이브*Big5* 모델 가운데 '개방성*Openness*'이 높기 때문인지도 모릅니다. 개방성은 새로움에 열린 태도를 뜻하는데요. 개방성이 높은 사람일수록 지적이거나 예술적인 것에 흥미를 많이 느끼고, 고정관념과 편견이 적어서 다른 가치를 중요하게 여기는 타문화에 관대합니다. 아주대학교 심리학과 김경일 교수의 표현을 빌리자면, 개방성이 높은 사람들은 '내가 틀렸다는 사실을 알려주는 사람을 배척하지 않는 능력'을 가지고 있습니다. 반면, 개방성이 낮은 사람일수록 변화를 싫어하고 보수적이며 권위적인 경향이 있습니다.

개방성과 비슷한 듯하면서도 다른 개념이 '우호성*Agreeableness*'입니다. 우호성은 타인과의 관계에서 얼마나 협력적이고 친절한 태도를 보이는지를 나타내는 성격 특성입니다. 개방성과 우호성은 상호작용할 수 있지만, 꼭 함께 발현되는 것은 아닙니다.

개방성은 낮지만 우호성이 높은 사람은 새로운 경험을 선호하지 않는 대신 원만한 인간관계를 중시할 가능성이 큽니다.

반면, 우호성은 낮지만 개방성이 높은 사람은 다양한 관점을 탐구하고 수용하는 데는 능하지만, 타인과의 조화는 상대적으로 덜 중시할 수 있습니다. 이런 유형의 사람들은 화이부동和而不同, 즉 서로 조화를 이루되 같아지지 않는 관계를 지향하는 경향이 있습니다. 연구에 따르면, 사회적으로 크게 성공한 리더들이나 자기 삶의 의미를 잘 알고 주체적으로 살아가는 사람들은 의외로 우호성은 보통 수준이고 개방성은 높은 특징을 보인다고 합니다.

비슷한 사람끼리 친구가 되는 이유

개방성이 높아 새롭고 다양한 것에 마음이 열려 있더라도, 인간은 보편적으로 자신과 유사한 가치관과 경험을 공유하는 사람들과 유대감을 느끼는 경향이 있습니다. 상대방과의 교집합이 넓을수록 관계에서의 불확실성이 줄어드는 경향이 있고, 안정감과 신뢰를 바탕으로 더 큰 만족감을 느끼기 때문입니다. 즉 높은 개방성 덕분에 자신과 결이 다른 사람들과도 어울릴 수 있지만, 장기적으로는 비슷한 사람들과의 관계에서 심리적 안정감을 얻습니다.

흔히 인간관계를 얘기할 때, 비슷한 사람들끼리 무리를 지어 어울린다는 뜻의 '유유상종', '끼리끼리'라는 표현을 자주 씁니다. 부정적인 뉘앙스로 쓰일 때가 많지만 진실을 담고 있는 표현입니다.

니컬러스 크리스타키스와 제임스 파울러의 연구에 의하면, 우연히 만나는 낯선 사람과 비교했을 때 친구끼리는 비슷한 사고방식을 가질 확률이 높습니다. 심지어 유전자를 공유할 가능성마저 크다고 합니다. 서로 친해지는 과정에서 닮아가는 부분도 있겠지만, 애초에 다른 사람보다 유사성이 더 크기 때문에 서로 친밀감을 느끼는 것이죠. 이를 '동종선호*homophily*'라고 합니다.

영국의 진화인류학자 로빈 던바는 우리가 어떤 친구를 사귈지 예측하는 '우정의 일곱 기둥'을 다음과 같이 제시했는데요. 모두 유사성에 기반하고 있습니다.

1. 같은 언어(또는 방언)를 사용하는 사람

2. 같은 지역에서 자랐던 사람

3. 같은 학교에 다녔거나 비슷한 직장 생활을 경험했던 사람

4. 취미와 관심사가 비슷한 사람

5. 도덕적·종교적·정치적 견해 등의 세계관이 조화를 이루는 사람

6. 유머 감각이 비슷한 사람

7. 음악 취향이 비슷해 문화적 공감대가 있는 사람

이 7가지 항목 중에서 일치하는 항목이 많은 사람끼리 더 친밀

감을 느끼고 이른바 '찐친'이 될 가능성이 높아진다는 겁니다. 깃털 색깔이 같은 새끼리 모이듯, 우리도 서로 같은 결을 지닌 사람과 친구가 되는 경향이 있습니다.

진정한 친구는 억지로 만들어지지 않는다

우리에게는 친구를 사귀는 일종의 '우정 코드'가 있습니다. 사고 방식이 비슷해서 서로를 잘 이해할 수 있고, 같이 있으면 마음이 편하고, 애쓰지 않아도 대화가 자연스럽게 흘러가는 사람과 친구가 되는 것이죠. 동호회 같은 취미 모임에 가보면 금방 가까워지는 사람이 있는가 하면, 마음이 잘 통하지 않는 사람을 만나는 경험을 할 때가 있죠. 아마 우리 안에 있는 특정한 기준으로 친구를 선택하고 있어서 그럴지도 모릅니다.

이런 의미에서 당장 외롭다는 이유로 내 모습이 아닌 다른 사람인 척하며 애쓸 필요 없습니다. 진정한 친구는 자신을 잃어가면서 억지로 만들 수 있는 건 아니니까요. 시간이 지나면서 자연스럽게 비슷한 성향과 관심사를 가진 사람과 친해질 확률을 높여야 합니다. 마음을 열고 취미나 관심사를 공유하는 모임에 참여하고 여러 느슨한 관계를 맺다 보면, 결이 맞는 친구를 발견할 확률은 높아집니다.

나는 과연 누군가의
진정한 친구일까?

진정한 친구 한 명만 있어도 성공한 인생이라는 말을 한 번쯤 들어보셨을 겁니다. 성공의 척도가 부나 명예, 사회적 지위에만 있지 않으며, 깊은 우정을 나눌 수 있는 좋은 친구의 존재가 얼마나 소중한지를 일깨우는 말이죠. 또한 단 한 명의 진정한 친구를 만나는 일이 얼마나 귀하고 어려운지 함축하는 표현이기도 합니다.

　진정한 친구는 어떤 친구일까요? 새벽 2시에 불쑥 전화를 걸어도 짜증 내지 않고 받아주는 친구일까요? 웬만한 사람들에게는 불편한 이야기도 참고 들어주는 친구일까요? 사회적으로 용인될 수 없는 범죄를 저질러도 변함없이 내 편이 되어주는 친구일까요?

나에게 질투를 느끼는
친구의 마음마저 헤아려주기

자신의 성취나 성공에 어떤 반응을 보이는지에 따라 진짜 친구와 가짜 친구를 구별할 수 있다고 하는 사람들이 있습니다. 저도 한때 그렇게 생각했던 적이 있어 공감이 갑니다. 진정한 친구라면 상대의 행복을 질투하지 않고, 불행에 '샤덴프로이데*Schadenfreude*'를 느끼지 않아야 한다고 믿었으니까요. 친구의 성공과 행복을 진심으로 축하하려면 상대방을 경쟁자로 여기지 않을 만큼 자존감이 높고 열등감이 없어야 하는데, 그런 사람이라면 누군가의 좋은 친구가 될 가능성이 크겠죠.

하지만 아무리 자존감이 높고 안정적인 사람이라도 삶이 뜻대로 풀리지 않거나 힘든 상황에 처했을 때 질투라는 감정이 고개를 들 수 있습니다. 질투는 자연스러운 감정입니다. 우리는 가까운 친구의 성공을 목격할 때 복잡한 심경을 느끼기 쉬운데요. 이에 대해 어떤 진화심리학자들은 가까운 친구에게 느끼는 질투라는 감정은 성性 선택의 산물이라고 설명합니다. 내가 속한 집단 안에서 친구가 앞서 나가는 모습을 볼 때 상대적으로 나는 뒤처지는 기분이 들고, 이는 내가 다른 이성에게 선택받을 확률이 낮아진다는 본능적 불안을 자극한다고 합니다. 유명한 사람들의 성공에는 별다른 감정이 없는 사람들도 자신과 비슷하게 살아온 주변 친구의 출세 소식에는 복잡한 감정을 느끼는 이유가 여기에 있습니다.

사람은 양가감정을 경험할 수 있는 입체적인 존재입니다. 내가 좋아하는 친구의 성취에 일시적으로 질투심을 느낀다고 해서 우정의 가치를 훼손하거나 친구 자격이 상실된다고 단정 지을 수는 없습니다. 나의 성공에 대한 상대의 반응을 통해 진짜/가짜 친구를 구별할 수 있다기보다는, 오히려 진정한 우정이란 친구가 느끼는 일시적인 질투와 열등감도 포용해줄 수 있는 관계라고 생각해볼 수도 있습니다. 친구에게 드는 질투심조차 터놓고 이야기할 수 있고, 서로의 약점과 불완전함을 이해하고 받아들일 수 있는 그런 관계 말입니다. 질투심 여부로 진짜 친구, 가짜 친구를 구별하는 경직된 프레임에서 벗어난다면, 더 깊은 우정을 나눌 수 있을 겁니다.

물론 단순한 질투를 넘어 시기심에 사로잡힌 채 상대방의 발목을 잡거나 중상모략할 때는 이야기가 달라지겠지만요. 하지만 친구가 나에게 질투나 열등감을 느끼더라도 그것이 관계의 본질을 해치지 않는 한, 그 친구의 심적 어려움을 헤아려보는 관대함도 분명 필요합니다.

모든 관계가 그렇듯 우정도 균형이 맞아야 친밀감이 깊어지고 관계가 오래 지속될 수 있습니다. 때로는 균형이 흔들리는 순간이 찾아올 수도 있습니다. 그럴 때는 정서적으로 더 안정된 사람이 흔들리는 친구를 기다려주는 것 또한 우정의 힘일 겁니다. 각자의 가치관에 달린 문제라 정답은 없겠지만, 친구에 대한 기준이 지나치게 엄격할수록 소중한 관계를 놓치는 우를 범할 수 있음을 명심해야 합니다.

친구에게 주고 싶은 나의 진심을 먼저 알아차리기

우리는 '진정한 친구'의 기준을 상대방에게만 적용하려는 경향이 있습니다. '누가 진짜 내 친구일까?'라는 질문에만 몰두할 뿐, 자기 자신이 그러한지를 성찰하는 시간은 적은 편이죠. "나의 기쁨을 진심으로 축하해주는 사람이 진짜 친구다"라고 말하지만, 정작 나 자신이 누군가에게 그런 친구인지 돌아보는 일은 드뭅니다. 우정에 있어 성숙한 태도란 눈에 보이는 보상을 바라지 않고 진심을 다하는 데 있습니다. 친구가 나에게 무엇을 주는지로 '진짜 친구' 여부를 판단하기보다는, 내가 친구와의 관계에 얼마나 진심인지를 성찰하는 것이 더 중요합니다. 그러니 누가 나의 진짜 친구인지에 대해 결론을 내리기 전에 먼저 스스로 질문해봐야 합니다. '나는 과연 누군가의 진정한 친구인가?', '나는 친구의 기쁨과 성공을 진심으로 축하할 수 있는 마음을 갖추고 있는가?'

오늘날 우리가 진정한 친구를 만나기 어려운 까닭은, 나 자신부터 누군가의 진정한 친구가 되기를 두려워하기 때문인지도 모르겠습니다. 그러므로 친구의 밝은 면뿐 아니라 어두운 그늘까지도 포용할 줄 알고, 그의 성공을 기꺼이 축하해줄 만한 넉넉한 마음이 준비되어 있는지 자신부터 돌아보면 어떨까요? 나부터 먼저 좋은 친구가 되려고 노력할 때, 내 주변에도 좋은 친구들이 모여들 테니까요. 우정은 한쪽의 일방적인 기대가 아니라 서로가 기여하고 돌보며 함께 성장하려는 노력을 통해 이루어집니다.

타인의 마음을 잘 헤아릴수록
진심을 읽을 수 있다

우리는 늘 다른 사람의 진짜 마음과 생각을 알고 싶어 합니다. 하지만 쉽지 않죠. 사람의 겉과 속이 항상 일치하지 않기 때문입니다. 우리가 하는 말의 표면적 의미와 그 속에 담긴 진짜 의도 사이에는 미묘한 간극이 존재할 때가 많습니다. 이를테면 상대에게 진심으로 감사함을 느끼지 않더라도 예의상 감사하다고 말할 때라든가, 내심 불편하면서도 웃으며 "괜찮아요"라고 말해야 하는 상황 등이 있겠죠. 그럼에도 우리는 폴 에크먼이《텔링 라이즈》에서 말한 것처럼, 감정적인 진실이 담긴 속마음이 존재하고 사람들은 대부분 감정을 속일 수도 없고 속이지도 않을 거라고 믿으며 살아갑니다.

하지만 에크먼은 "우리는 적당히 거짓말을 하기도 하고 때로 진실하기도 하며, 종종 타인에게 속을 수도 있으며 진실을 파악할 수도 있다. 우리에게는 선택권이 있고, 그게 우리의 특성이다" 라고 했습니다.

사람의 마음을 잘 헤아리는 다섯 가지 방법

사람의 마음을 헤아리는 능력이 뛰어난 사람일수록 상대방의 표면적인 말과 행동 너머에 있는 진짜 마음을 읽어낼 수 있습니다. '멘탈라이징'이라는 능력 덕분인데요. 우리는 멘탈라이징을 활용하여 타인의 감정과 의도를 더욱 잘 이해하고, 미묘한 사회적 맥락을 정확하게 해석할 수 있습니다.

사람의 마음을 잘 읽고 헤아리는 능력은 독심술 같은 초능력 내지는 유사과학이 아닙니다. 상대방의 관점에서 생각해보고 그들의 감정을 이해하려 노력하는 것으로, 단순히 겉으로 드러나는 단서만 보고 지레짐작하는 것과도 다릅니다. 이처럼 멘탈라이징은 복잡하고 섬세한 능력인 만큼 우리는 다양한 인지적 오류와 편향을 극복하면서 이를 꾸준히 발전시켜야 합니다. 그렇다면 상대의 마음을 더 잘 이해하기 위해서는 어떤 노력이 필요할까요?

1. 지적으로 겸손해지기

사람의 마음을 잘 헤아리고자 한다면, 역설적으로 타인의 마음을 완벽하게 파악할 수 없다는 사실을 인정하는 일부터 선행해야 합니다. '나는 너를 잘 안다'는 자만이야말로 상대를 이해하는 데 가장 큰 장애물이 되곤 하니까요. 특히 가까운 사이일수록 이런 과신에 빠지기 쉽습니다.

우리는 종종 타인의 마음을 읽으려 할 때 '예단', '독심술', '감정적 추론'과 같은 인지 왜곡에 빠지곤 합니다. 증거가 부족한 상황에서도 섣불리 결론을 내리거나, 상대의 행동이나 표정만으로 그의 생각을 추측하려 들거나, 자신의 느낌에만 의존해 판단을 내리죠.

관계에서 갈등이 깊어지는 주요 원인은, 사람들이 이런 인지 왜곡에 빠져 있으면서도 자신의 판단이 옳다고 과신하는 데 있습니다. 뇌과학 연구에 따르면, 인간의 뇌는 사실과 진실을 파악하기에는 다소 불완전하게 진화했다고 합니다. 이런 불완전성을 겸허히 인정하는 것이 사람을 진정으로 이해하는 첫걸음입니다. 타인에 대해서뿐 아니라 자기 자신에 대해서도 '잘 모른다'는 사실을 겸허하게 받아들이는 태도가 곧 지혜입니다.

2. 사람의 마음을 헤아리는 일에 관심 갖기

지적 겸손을 바탕으로 사람의 마음을 헤아리는 일에 관심을 갖는 것이 중요합니다. 여기서 '사람'이란 타인뿐 아니라 자기 자신도 해당합니다. 타인의 마음을 헤아리는 능력과 자기 마음을 헤아리는 능력은 서로 연결되어 있습니다. 자기 마음을 깊이 들여다보고 이해하는 만큼 다른 사람의 다채로운 마음에도 공감하는 폭이 넓어집니다.

자기 내면을 잘 이해하고 수용하는 사람은 타인의 감정과 자신의 감정을 구분할 수 있으며, 상대방의 입장에서 바라볼 수 있는 유연한 사고를 할 수 있습니다. 반면 자기 인식 능력이 부족할수록 자신의 감정과 욕구를 제대로 파악하지 못합니다. 그래서 무의식적으로 자기 욕구를 상대에게 투사하거나, 타인의 의도를 왜곡하여 받아들이기 쉬운데요. 더 큰 문제는 이런 사실 자체를 스스로 알아차리지 못한다는 겁니다.

내면을 깊이 들여다보는 과정에서 우리는 자신의 감정, 생각, 욕구 등을 더욱 선명하게 마주하게 됩니다. 다소 불편하고 낯선 경험일 수도 있지만, 자기 이해의 지평을 넓히고 성찰의 깊이를 더하는 소중한 계기입니다. 인간의 보편적인 취약성과 고뇌를 수용하는 동시에 희망과 가능성을 발견하게 될 테니까요. 그리고 궁극적으로 자기 자신과 타인을 있는 그대로 깊이 이해하고 사랑할 수 있는 넉넉한 마음으로 승화할 것입니다.

사람의 마음에 대한 피상적인 흥미를 넘어 진정한 관심을 가지는 일은 '경청'과 연결되어 있습니다. 상대방의 말을 끊지 않고 끝까지 들어주며, 그들의 말 속에 담긴 감정과 의도에 귀 기울이는 노력은 상대방의 마음을 더욱 깊이 이해하는 데 도움이 됩니다.

3. 알아차림 글쓰기

상대의 마음을 잘 모른다는 사실을 인정했고, 사람의 마음에 진심으로 관심을 갖기로 결정했다면 알아차리는 연습을 꾸준히 해야 합니다. 어떤 생각이나 대상을 있는 그대로 느끼고 받아들이되, 좋고 나쁘다는 피상적인 판단은 가급적 하지 않는 '알아차림 글쓰기'를 해 보세요. 예를 들어 친구가 약속 시간에 늦었을 때 우리는 친구가 나를 존중하지 않는다거나 게으르다고 판단하는 경향이 있습니다. 하지만 실제로는 예상치 못한 교통 체증이나 급한 개인 사정이 있었을 수 있습니다. 이런 상황에서 자신의 추측이 항상 옳지 않을 수 있음을 인식할 필요가 있습니다.

매 순간 내 머리에 떠오르는 생각과 감정이 모두 진실이 아님을 알아차리는 습관을 들이다 보면, 자기 회의감에 빠질 것 같지만 그렇지 않습니다. 오히려 인간의 인지적 한계를 겸허히 받아들일 줄 아는 성숙한 태도가 자리 잡게 됩니다. 옛 성현들은 이를 '지혜'라고 했습니다. 소크라테스는 "나는 내가 아무것도 모른다는 것을 안다"고 했고, 노자는 《도덕경》에서 "알지 못하는 것을 아는 것이 최상이고, 모르면서 안다고 여기는 것은 병이다知不知上 不知知病"라고 했습니다. 자신의 무지를 인정하고 늘 배우는 자세로 겸허히 나아가는 사람의 내면세계는 더 깊어지고 풍요로워집니다.

4. 마음이론 글쓰기(역지사지 글쓰기)

알아차림을 통해 나 자신을 바라보는 연습을 하는 동시에 상대방의 입장이 되어 똑같은 상황에서 나라면 어떤 말과 행동을 했을지 상상해보세요. 역지사지 능력을 향상시키는 훈련입니다. 이는 '마음이론 글쓰기'를 통해 기를 수 있는데요. 일상에서 만난 사람들과 주고받은 대화를 떠올리며 상대방의 입장이 되어 그때 그 사람의 마음속에 스쳐 지나갔을 생각과 감정, 욕구, 의도를 상상하고 기록하는 것입니다. 마치 소설가가 된 것처럼 타인의 마음을 추론해서 기록해보는 것이지요. 마음이론 글쓰기를 통해 자기 자신과 타인의 내면을 보다 객관적으로 들여다보는 힘을 기를 수 있습니다.

알아차림 글쓰기가 자신의 마음을 헤아리는 것이라면 마음이론 글쓰기는 타인의 마음을 헤아리는 훈련입니다. 예를 들어 친구가 약속 시간에 늦었을 때 알아차림 글쓰기를 한다면, 순간적으로 친구가 무책임하다고 판단한 나의 생각을 알아차리고 기록하는 것이 될 수 있겠지요. 반면, 마음이론 글쓰기라면 약속에 늦은 친구의 입장이 되어 그의 마음속 생각과 감정을 상상하고 기록하는 것입니다.

마음이론 글쓰기를 할 때 주의해야 할 점이 있는데요. 바로 자신의 추측이 상대방의 실제 마음을 정확히 반영한다고 과신하지 않는 겁니다. 신이 아닌 이상 누구도 타인의 내면을 완벽하게 꿰뚫어 볼 수 없습니다. 마음이론 글쓰기는 어디까지나 타인의 마음에 다가가기 위한 건강한 시도일 뿐입니다. 내 추측이 빗나갈 수 있음을 겸허히 받아들이는 지적 겸손이 필요하다는 것을 다시 한번 강조합니다.

5. 문학 작품 읽기

사람의 마음을 읽고 헤아리는 능력을 향상시키는 데 효과적인 방법은 바로 독서, 특히 소설 읽기입니다. 소설은 가상의 인물들이 겪는 갈등과 고민, 성장을 생생하게 묘사합니다. 독자는 자연스레 그들의 처지에 감정이입하고, 등장인물이 처한 상황과 맥락을 다각도로 살피게 됩니다. 책 속 인물이 왜 그런 선택을 했는지, 어떤 심정이었을지 상상하면서 무의식중에 타인의 입장에 서보는 연습을 하게 되는데, 이는 정서적·인지적 공감을 고루 발달시킵니다.

토론토대학교 인지심리학과 교수이자 소설가인 키스 오틀리 교수 연구진이 발표한 연구에 따르면, 문학 작품을 많이 읽는 사람들은 공감 능력 테스트와 사회적 인지 테스트에서 높은 점수를 받았습니다. 독서가 단순히 재미를 위한 것이 아니라, 사람 간의 이해와 소통을 촉진하는 데 실질적인 도움이 된다는 사실을 방증하는 셈이죠.

문학 작품을 읽을 때 '디폴트 모드 네트워크*Default Mode Network, DMN*'가 활성화된다는 연구 결과도 있습니다. 이 네트워크는 뇌가 외부 자극이 없거나 내적 사고를 할 때 활성화되는 영역인데요. 문학 작품을 읽는 행위가 자기 자신을 돌이켜보며 현재 모습을 지속해서 알아차리는 '자기 참조 과정'과 다른 사람의 생각과 감정을 이해하는 '사회 인지', 그리고 미래를 상상하고 계획하는 '내적 시뮬레이션'과 관련되어 있음을 보여줍니다.

문학 작품은 다양한 삶의 모습과 가치관을 담고 있어서 독자들이 자신과는 전혀 다른 배경과 세계관을 가진 이들의 내면에 접근할 기회를 제공합니다. 이는 우리가 지닌 편견과 고정관념에서 벗어나 더욱 유연하고 열린 자세로 타인의 고유한 삶의 이야기에 귀 기울이는 데 도움이 됩니다. 낯선 이의 삶에 깊이 공감하다 보면 인간 존재의 보편성과 특수성을 함께 발견하게 되고, 궁극적으로 우리 모두 연결되어 있음을 자각하는 기회를 얻을 수 있습니다.

나와 공감할 수 없는 상대의
마음까지 헤아리는 '진짜 공감'

"너, T야?"

MBTI를 아는 한국인이라면 대부분 한 번쯤 들어봤을 법한 밈입니다. 감정형인 F*Feeling*와 달리, 사고형인 T*Thinking*가 논리와 사실에 기반하여 상대방에게 해결책을 제시하는 모습을 희화화한 표현이죠. 한국인 대다수가 F는 공감 능력이 뛰어나고 T는 공감 능력이 부족하다고 여기는 경향이 있지만, 편견입니다. T 유형도 충분히 공감 능력이 있지만 단지 그 방식이 F 유형과는 좀 다를 뿐입니다. 다시 말해, F와 T는 공감의 방식이 다를 뿐 능력의 우열로 나눌 수는 없습니다.

감성과 이성의 조화가 중요한 공감

공감이란 게 정확히 뭘까요? 흔히 '공감해준다'라고 하는데요. 상대의 마음에 공명하여 자연스럽게 일어나는 공감이 아닌, 의도적으로 해주는 것도 공감이 될 수 있을까요? 네, 두 가지 모두 공감에 해당합니다. 자연스럽게 상대방의 감정에 이입하는 것은 '정서적 공감'이고, 상대방의 관점에서 상황을 이해하려고 노력하는 것은 '인지적 공감'입니다. 예를 들어 친구가 몹시 슬퍼할 때 함께 슬퍼하며 같이 울어주는 것이 전자라면, 후자는 비록 눈물까지는 나지 않더라도 친구가 왜 슬픈지를 이해하고 진심을 담은 위로의 말을 건네는 것입니다.

공감의 중요성을 강조하는 담론이 대중적으로 확산되는 데 기여한 인물 중에 인본주의 심리학자 칼 로저스가 있습니다. 로저스는 "다른 사람의 내적 준거 체계를 마치 자신의 것처럼 지각하되, 자신이 그 사람이 된 것처럼 느끼지 않고 분리된 감각을 유지하는 것"을 공감이라고 정의했습니다. 다시 말해, 상대방의 감정과 생각을 그들의 입장에서 이해하는 동시에 자신과 상대방을 구분할 수 있는 것이 그가 말한 공감의 핵심입니다.

그런데 공감이 언제나 좋기만 한 걸까요? 최근 들어 공감의 어두운 측면에 대한 지적도 나오고 있습니다. 예일대학교 심리학교수 폴 블룸은 《공감의 배신》에서 도덕적 의사 결정에 있어 공감에만 의존하는 것의 위험성을 강조합니다. 블룸은 공감이 편향적이고 근시안적이며, 감정에 치우쳐 이성적 판단을 방해할 수 있다고 비판합니다. 그는 공감이 관심과 도움이 필요한 곳을 환히 비추는 스포트라이트와 같지만, 그 빛이 비치는 범위가 매우 제한적이어서 객관적인 판단을 어렵게 만든다고 지적합니다.

우리 일상에서도 이 같은 '선택적 공감'의 문제를 어렵지 않게 발견할 수 있는데요. 가까운 사람들에게는 과도할 정도로 공감하면서 가깝지 않은 타인의 고통은 도외시하는 경우입니다. 블룸은 도덕적 판단에 있어 정서적 공감보다는 이성적 추론에 기반한 '사고력'이 필요하다고 제안합니다. 아울러 그는 '공감'과 '연민'을 구분하는 것이 매우 중요하다고 강조합니다. 신경과학적으로 볼 때 누군가에게 공감하는 것과 연민을 느끼는 메커니즘은 다르다고 하는데요. 타인의 고통을 함께 느끼는 '공감'과 달리, '연민'은 타인의 고통을 공유하는 것을 의미하지 않습니다. 연민은 타인이 행복하길 바라는 따뜻한 마음, 배려, 친절, 관심입니다.

블룸은 이런 예시를 듭니다. 천둥번개를 두려워하는 아이가 있을 때, 자신은 그 아이가 느끼는 두려움을 전혀 느끼지 않으면서도 아이를 걱정하고 구조하고 안심시키는 게 가능하다는 겁니다. 또한 배고픔을 대리 경험하지 않고도 굶주리는 사람들을 염려하고 후원할 수 있다는 점도 강조합니다. 연민은 이처럼 공감과 상관없이 존재할 수 있으며, 때로는 공감과 연민이 대립하기에 오히려 공감을 억눌러야만 더 나은 사람이 된다는 게 블룸의 주장입니다.

로저스와 블룸의 관점은 상호 보완적인 측면이 있습니다. 상대방의 감정과 생각을 그들의 입장에서 이해하되, 자신과 상대를 혼동하지 않는 것이 로저스가 강조한 공감의 형태인데요. 이는 공감에 정서적 요소와 인지적 요소가 모두 필요함을 시사합니다. 로저스의 입장은 공감으로만 세상을 바라보면 편향적 오류에 빠질 수 있다는 블룸의 지적과 자연스럽게 조응합니다. 공감에도 감성과 이성의 조화가 중요한 것이죠.

공감의 한계를 알아차리는 것이 진정한 공감의 시작

앞서 말했듯이 공감은 크게 '정서적 공감'과 '인지적 공감'으로 나뉩니다. 정서적 공감이란 타인의 감정을 함께 느끼는 것입니다. 친구가 슬퍼할 때 나도 모르게 울컥하는 것처럼, 복잡한 사고 과정 없이 무의식적이고 직관적으로 이루어지는 감정이입이라 할 수 있습니다.

반면, 인지적 공감은 자신의 감정에 휩쓸리지 않고 상대방의 입장에서 상황을 바라보며 이해하는 것을 의미합니다. 가령 어떤 일로 분노하는 친구의 감정 자체에 동화되지는 않지만, 이성적인 추론을 통해 그의 분노가 합당하다고 이해하는 거죠. 고차원적 사고 과정을 거치며 때로는 우리의 직관에 반하기도 하는 인지적 공감은 역지사지易地思之에 더 가깝습니다.

공감은 상대방의 내적 세계를 이해하는 것이 핵심이지만, 블룸의 지적처럼 인간의 공감은 불완전해서 한계가 있을 수밖에 없습니다. 따라서 나와 상대방이 서로의 세계에 완전히 공감하기 어려울 수 있음을 알아차리고, 이런 불완전성을 수용하는 것이야말로 진정한 공감의 시작이며 연민하는 자세라고 할 수 있습니다.

공감의 한계를 인식했다면, 공감적 경청을 하기

타인에게 공감하는 데 한계가 있다고 해서 공감을 포기해야 하는 건 아닙니다. 이때 필요한 게 바로 '공감적 경청empathetic listening' 입니다. 공감적 경청은 단순히 상대방의 말을 듣는 것에 그치지 않고, 그들의 감정과 생각을 깊이 이해하려는 태도로 듣는 것을 말합니다. 상대방이 표현하는 내용뿐 아니라 그 이면에 담긴 감정과 의도를 이해하려는 공감의 과정이 포함된 경청 방식입니다.

가령 상대에게 공감하고 싶다면 질문을 잘하는 것이 중요합니다. "지금 어떤 기분이 드세요?" 또는 "무엇이 가장 어려운가요?"와 같은 개방형 질문을 통해 상대방이 자신의 감정을 더 깊이 표현하게 도와주면 좋습니다. 옳고 그름을 분별하려는 태도는 잠시 내려두고 상대방의 이야기를 있는 그대로 들어보려고 노력하는 것입니다. 이때의 목표는 상대방이 현재 느끼는 감정과 생각을 정확하게 맞추는 것이 아닙니다. 상대방에게 공감하고자 하는 자신의 마음을 전달하기 위함입니다.

하버드의과대학의 연구에 따르면, 상대가 느끼는 감정을 정확하게 이해하는 '공감의 정확성'보다 '공감하려는 노력'이 관계 만족도에 더 큰 영향을 미치는 것으로 드러났습니다. 인간관계에서 타인의 감정을 완벽히 이해하지 못하더라도 그들을 이해하려고 노력하는 것 자체가 관계의 질을 크게 향상시킬 수 있음을 시사합니다.

인간은 비슷해 보이지만 서로 다른 생각과 감정을 가진 개별적인 존재입니다. 우리에게 필요한 것은 공감의 한계를 겸허히 인정하고도 공감적 경청을 통해 서로의 마음을 헤아리려는 진심 어린 노력입니다.

부러우면 오히려
나답게 이길 수 있다

사람들은 흔히 비교는 비참해지거나 교만해질 뿐이라고 이야기 합니다. 다른 사람과 비교하지 말고 오직 어제의 자신과 오늘의 자신을 비교하라는 조언도 자주 듣습니다. 이처럼 우리 사회는 '다른 사람과의 비교'를 부정적으로 보는 시각이 보편적입니다. 사실 우리는 비교가 정신건강에 해로울 수 있다는 걸 알면서도 타인과 비교하게 됩니다. 때로는 비교가 우리의 성장과 발전에 필요한 요소이기 때문에 그렇겠지요. 또 많은 사람이 대안으로 제시하는 '과거의 자신과 비교하라'는 주문 역시 한계가 있습니다. 우리 인생은 늘 우상향하는 것만은 아니며, 누구에게나 부침과 쇠락의 시기가 찾아오기 때문입니다. 인생의 하강기를 지나는 이들이 만약 과거의 찬란했던 자신과 비교한다면 어떤 일이 벌어질까요? 아마도 자책과 후회로 이어질 수 있겠죠.

누구나 남과 비교하며 살아간다

'사회적 뇌'를 가진 사람들은 대부분 타인의 시선과 평가를 신경 쓰기 마련인데, 그래야 생존할 수 있었습니다. 정도의 차이만 있을 뿐이지 누구나 타인과 비교와 판단을 하면서 살아갑니다. 이와 관련하여 듀크대학교 심리학 석좌교수인 마크 리어리는 '사회성 계량기 이론'을 제시했습니다. 인간의 내면에는 일종의 사회성 계량기sociometer가 존재하는데, 이를 통해 우리는 인간관계의 파트너로서 자기 자신이 얼마나 가치 있는지 끊임없이 평가한다고 합니다.

타인과의 관계성을 의식하며 살아가는 인간은 겉으로 하는 말과 실제 속마음이 다를 때가 적지 않습니다. 속마음을 의도적으로 감추고 거짓말을 할 때도 있고, 때로는 무의식에 자리한 진짜 마음을 본인조차도 알지 못해서 그럴싸한 말을 꾸며내기도 합니다. 전자는 '(타인)기만', 후자는 '자기기만'입니다. 이런 이유로 남들과 비교하고 타인의 시선을 신경 쓰는 사람들도 정작 다른 사람 앞에서는 남과 비교하지 말고 타인의 신경을 쓰지 말라고 할 수 있는 것이죠.

　세계적인 사회심리학자 조녀선 하이트는 우리가 가끔 다른 사람의 시선과 평가에 신경 쓰지 않는 척하는 이유는 남의 의견에 신경을 쓰면 약한 사람처럼 보이기 때문이라고 합니다. 그러나 실제로는 다른 사람이 나를 어떻게 생각하는지 신경을 곤두세운 채 살아간다고 합니다.

비교는 나를 성장시키기도 한다

예전에 어떤 모임에서 비교하지 않는 방법이 무엇인지 질문한 사람이 있었습니다. 강사는 "그냥 엄청 잘난 사람이 되면 저절로 비교하지 않게 됩니다"라고 했는데요. 저는 그 대답을 듣고 의아했습니다. "엄청 잘난 사람"이 과연 어느 수준을 의미하는지 모호할 뿐 아니라, 이 표현 자체가 이미 타인과의 비교를 전제하고 있기 때문입니다. 비교하지 않으려는 방법이 결국 '타인과의 비교 경쟁'에서 승리해 우위를 점하는 것과 다르지 않다고 말하는 셈입니다.

　설령 타인과의 경쟁에서 우위를 점했다고 해도 과연 비교의 굴레에서 벗어날 수 있을지도 의문입니다. 그때가 되면 오히려 자신보다 더 뛰어난 사람을 의식하게 되면서 열등감에 시달리거나, 반대로 자만에 빠질 수도 있지 않을까요? 비교 심리에서 자유로워지기는커녕 오히려 경쟁 구도에 더 깊이 빠지게 되는 결과를 초래할지도 모릅니다. 비교하지 않는 방법을 물었는데, 강사는 오히려 타인과의 비교 게임에서 우위를 점하기 위해 비교의 덫에 더 깊숙이 빠지게 하는 대답을 한 것 같았습니다.

비교에 대해 부정적인 이야기만 했는데, 이번에는 관점을 달리해보죠. 우리가 이토록 경계하는 비교는 정말 언제나 해롭기만 한 것일까요? 미국의 사회심리학자 레온 페스팅거가 1954년에 발표한 '사회 비교 이론social comparison theory'에 따르면, 인간은 누구나 자신의 능력이나 생각의 타당성을 정확히 평가하려는 근본적 동기가 있어서 타인과 자신을 비교합니다.

크게 두 가지 비교 방식이 있는데요. 첫째, 자기보다 능력이 떨어지거나 행복하지 못한 사람들과 자신을 비교하는 '하향적 사회 비교downward social comparison'입니다. 이를 통해 상대적으로 내가 더 괜찮은 사람이라는 '자기 고양self-enhancement' 효과를 얻을 수 있죠. 둘째, 자신보다 더 나은 능력이나 지위를 가진 사람들과 비교하는 '상향적 사회 비교upward social comparison'입니다. 상향 비교를 잘못하게 되면 열등감에 사로잡힐 수도 있으나 현명하게 잘 활용하면 앞서가는 그들처럼 더 나아지고자 하는 동기를 얻게 됩니다.

건강하지 않은 방식으로 남들과 비교하기 때문에 자존감이 훼

손되는 것이지, 모든 비교가 언제나 정신건강에 해로운 건 아닙니다. 건강한 사람들은 절대로 남과 비교하지 않는다기보다는, '비교'라는 도구를 적절한 선에서 유익하게 활용할 줄 압니다. 그러므로 비교 자체를 부정하려는 통념과 강박에서 벗어나 건강한 성장을 도모하는 '유연한 비교'를 할 수 있어야 합니다. 비교, 해도 괜찮습니다. 다만 지혜롭게 하는 것이 좋습니다.

1. 내가 무엇을 좋아하고 원하는지 탐구한다

타인과의 비교 게임에서 우위를 점하는 것에만 집중하다 보면 인생에서 무엇을 진정으로 좋아하고 원하는지를 놓치고 살아갈 수도 있습니다. 내가 정말 좋아하고 원해서 했던 게 아니라, 단지 남들과 경쟁에서 이기는 데에만 골몰했으니까요.

내가 무엇을 좋아하고 원하는지 안다는 건 나아가야 할 방향이 어딘지 스스로 안다는 뜻입니다. 이런 사람들은 설령 비교를 하더라도 자신을 긍정할 수 있는 건전한 방향으로 하지, 에너지만 소모하는 파괴적인 비교는 잘 하지 않습니다. 자신만의 기준이 명확하게 서 있기 때문에 가능한 일입니다.

불필요한 비교를 하지 않으려면 무엇보다 내가 뭘 좋아하고 원하는지 탐구해야 합니다. 과거에는 해보지 않았던 새로운 분야에 도전해보되, 잘 맞는지 안 맞는지를 너무 빨리 단정 짓지 말고 최소한 3개월 정도는 꾸준히 해야 합니다. 너무 일찍 그만두면 새로운 분야의 매력을 발견할 기회를 스스로 박탈할 수 있으니까요. 몇 개월 정도 해보면서 그 일에 흥미와 관심이 점점 더 커진다면 계속 이어가고, 그렇지 않으면 다른 방향을 모색하는 것도 좋습니다. 다양한 시도를 해보면서 그간 몰랐던 내 안의 욕구와 잠재성을 탐구해봅시다.

2. 부러움을 인정하고 감탄과 존경으로 승화시킨다

한국 사람들은 부러우면 지는 거라는 말을 농담처럼 합니다. 가수 장기하는 〈부럽지가 않어〉라는 곡에서 아무도 부럽지 않다고 노래했습니다. 좋아하는 노래이지만, 아무도 부럽지 않다는 강한 어필은 어쩌면 일종의 '유머'와 '승화' 방어기제가 아닐까 하는 생각을 했습니다. 부러움이라는 감정을 유쾌한 음악 창작으로 승화시킨 셈이죠. 실제로 산문집 《상관없는 거 아닌가?》(장기하, 문학동네, 2020)에서 이런 고백을 한 적이 있습니다.

행복 앞에 뾰족한 수가 없다는 점에서 결국 모두가 평등한 셈이므로 나보다 나아 보이는 사람을 보며 부러워할 이유는 전혀 없다고 생각하기 때문에 나는 남과 나 자신을 비교하여 주눅드는 일이 잘 없다 … 면 참 좋겠지만 실상은 전혀 그렇지 않다. 하루에도 수십 번씩, 남들보다 못났다는 생각 때문에 마음이 쪼그라든다. 특히 인스타그램을 열면 내 피드에 등장하는 거의 모든 사람들에게 주눅이 든다.

여기서 개념을 정리할 필요가 있겠습니다. '부러움', '질투', '시기'는 비슷한 듯하면서도 저마다 의미가 다릅니다. 부러움은 동경과 선망 쪽에 가까운 감정입니다. 반면, 질투와 시기에는 어느 정도 공격성이 내재해 있습니다. 특히 시기는 내가 갖지 못한 걸 가진 상대를 미워하고 파괴하려는 감정으로 공격성이 제일 높습니다. 질투는 내가 가질 수도 있는 것을 상대에게 빼앗기거나 그럴 위험에 처했을 때 느끼는 감정으로써, 흔히 이성 간의 삼각관계에서 나타납니다. 즉 부러움보다 질투가, 질투보다 시기가 더 파괴적이고 적개심이 강한 감정이라고 할 수 있죠.

부럽다고 해서 꼭 지는 건 아닙니다. 무언가를 동경할 수 있고, 이를 스스로 인식하고 수용하는 태도는 오히려 건강합니다. 문제는 부러움 그 자체가 아니라 그 감정을 어떻게 다스리고 승화시키느냐에 달려 있습니다.

부러움이라는 감정 자체를 극복해야만 하는 장애물처럼 바라보는 관점은 감정에 대한 오래된 고정관념에서 기인합니다. 감정이 항상 현실을 정확히 반영하는 것은 아니지만, 현재 우리의 내면 상태나 욕구를 이해하는 중요한 단서가 될 수 있습니다. 따라서 부러움이라는 감정 역시 '내가 이루고 싶은 것'과 '성장에 대한 열망'을 알려주는 신호일 수 있습니다. 단순히 '저 사람이 가진 걸 나도 가져야 한다'는 강박이 아닌, 나를 성장시키는 건강한 동기가 될 수 있음을 이해할 필요가 있습니다.

버트런드 러셀은《행복의 정복》에서 부러움의 해독제로 '감탄'과 '존경'을 제안합니다. 내가 갖지 못한 걸 가진 누군가를 단순히 부러워하는 대신 그 사람의 성취나 자질을 존경하는 마음으로 배우려 노력한다면, 부러움은 긍정적인 동기부여로 승화될 수 있습니다.

3. 나만의 뚜렷한 강점을 발견하고 계발한다

저 역시 어릴 때는 주변 사람들과 비교하며 호승심을 불태웠고 열등감에 휩싸이기도 했습니다. 그런 제가 타인과 비교하는 것의 부정적인 영향에서 벗어나게 된 건, 세상 사람들이 서로 다른 마라톤 코스를 달린다고 생각하면서부터인 것 같습니다. 애초에 서로 출발선도 다르고, 결승선도 다르기에 동일선상에서의 비교가 어렵다는 사실을 깨달은 덕분이죠. 특정 영역에서는 비교가 가능하겠지만, 인생이라는 큰 그림을 놓고 보면 특정한 잣대로 서로를 견주는 건 어렵습니다. 우리는 저마다 고유한 삶을 살아가고 있으니까요.

누구나 강점이 있습니다. 다만 누군가는 이미 그 강점을 발견하고 잘 활용하고 있는 반면, 아직 발견의 여정 중에 있다는 차이가 있을 뿐이죠. 자신만의 강점을 탐색해보고 기록으로 남겨보세요. 만약 누군가가 부럽다면, 그가 가진 장점이나 무기를 적극적으로 배우는 것도 좋습니다. 단순히 따라 한다기보다는 저 사람은 어떻게 자신의 강점을 찾아내서 지금처럼 성장할 수 있었는지 그 과정을 배워보는 거죠. 이런 배움의 과정을 통해 나만의 고유한 색깔이 더해지며, 우리는 더욱 나다워질 수 있습니다. 갤럽 강점 검사인 클리프턴 스트렝스*CliftonStrengths*를 해 보는 것도 도움이 됩니다. 그렇게 발견한 자신만의 강점으로 세상에 유익을 줄 수 있다면 이보다 값진 자기계발이 있을까요? 부러우면 지는 게 아니라 오히려 나답게 이길 수 있습니다.

좋은 인연을
끌어당기는 법

1997년, 파키스탄의 작은 마을에서 한 소녀가 태어났습니다. 남성 중심 사회에서 많은 차별과 불이익을 겪어야 했던 소녀는 열한 살 때부터 익명으로 여성의 교육 권리를 주장하는 글을 블로그에 올리며 목소리를 냈습니다. 그러다 열다섯 살 때 하굣길 통학버스에서 탈레반의 총격을 받습니다. 총격범이 쏜 세 발 중에서 한 발의 총알이 소녀의 왼쪽 눈가 위를 관통하여 목을 지나 어깨에 박혔습니다. 소녀는 의식을 잃고 죽음의 문턱까지 갔지만 기적적으로 살아났습니다.

시간이 흘러 소녀는 국제적인 인권 운동가로 성장했습니다. 2013년《타임》지 표지를 장식하고 '세계에서 가장 영향력 있는

100인'에도 선정됩니다. 2014년에는 아동과 청소년 억압에 맞서 교육권을 위해 싸운 공로를 인정받아 인도의 아동인권 운동가 카일라시 사티아르티와 함께 노벨평화상을 수상하는 영예를 누립니다. 역대 최연소 노벨상 수상자, 말랄라 유사프자이의 이야기입니다.

말랄라가 국제적인 인권 운동가로 성장할 수 있었던 배경에는 가족을 비롯한 여러 사람의 도움이 있었습니다. 교육자이자 시인이었던 아버지 지우딘 유사프자이는 탈레반의 위협 속에서도 딸이 마음껏 공부할 수 있도록 지원했고, 총격 사건 이후에는 각계각층의 도움이 이어졌습니다. 현장에서 즉각적인 응급 처치를 한 파키스탄 군의관들, 영국 버밍엄의 퀸 엘리자베스 병원으로 이송하는 데 도움을 준 파키스탄과 영국 정부 관계자들, 여러 차례의 두개골 재건 수술을 집도한 의료진이 있었습니다. 고든 브라운 전 영국 총리는 말랄라의 교육권 청원 운동을 주도했고, 말랄라의 가족이 영국에서 새로운 삶을 시작할 수 있도록 도왔습니다.

인복이 많다는 것의 의미

인생의 중요한 순간마다 귀인을 만나는 복을 인복人福이라고 하죠. 인복의 사전적 정의는 "다른 사람의 도움을 많이 받는 복"입니다. 인복이 많다는 건, 진심으로 내가 잘되기를 바라는 사람들이 주위에 많다는 뜻입니다.

내가 잘되길 바라는 사람이 많다는 건 나 역시 다른 사람들이 잘되기를 진심으로 바랐다는 뜻이기도 합니다. 다시 말해 내가 먼저 다른 사람들의 성공과 행복을 진심으로 바랄 때, 그들도 자연스럽게 나를 돕고자 하는 마음을 품는 것이죠.

인생에서 만나는 인연을 인복으로 만드는 비결은 무엇일까요? 스스로 평범하다고 생각하는 사람들도 인복을 잘 짓는 이들의 삶의 태도를 배운다면, 언젠가는 따뜻한 인연들로 가득한 풍성한 열매를 맺을 수 있지 않을까요?

인복이 많은 사람들의 세 가지 특징

부모에게서 물려받은 유전적 특성처럼 타고난 성격이나 우연적인 요소가 인복에 영향을 미칠 수는 있지만 전부는 아닙니다. 자신의 노력으로 충분히 가꾸고 키워나갈 수 있습니다.

인복이 많은 사람들의 첫 번째 특징은 자기가 받은 것 이상으로 내어주는 삶의 자세입니다. 이들은 물질적인 것뿐 아니라 시간과 재능, 지식 등 가진 것을 아낌없이 주는 삶을 실천합니다. 사람들은 그런 모습에서 다정한 인간미와 따뜻한 이타심을 느낍니다. 그래서 사심 없이 주는 그들에게 신뢰와 애정을 주고, 어려움에 처하면 기꺼이 도움의 손길을 내밀고 싶어 합니다. 이런 선순환 속에서 따뜻한 마음을 나눌 좋은 인연이 넘치는 것이죠.

두 번째 특징은 자신만의 고유성을 수용하고 진실하게 표현하는 능력이 있다는 점입니다. 이들은 자신의 장점뿐 아니라 부족한 면까지도 겸허히 받아들일 줄 압니다. 지금의 모습은 물론 끊임없이 성장하고 변화하는 과정에 있는 자신까지도 온전히 품어 안는 거죠. 이렇게 자신의 고유한 가치를 신뢰하는 이들은 과장이나 거짓 없는 언행을 합니다. 또한 타인의 고유한 특성과 성장 과정을 존중할 줄 압니다. 자신의 고유성을 수용하는 사람들은 타인의 독특한 가치와 개성 역시 인정하는 경향이 있기 때문입니다. 그러니 함께 있을 때 존중받고 이해받는 느낌을 받을 수밖에 없겠죠. 이런 능력은 자연스럽게 점차 많은 사람을 매료시키는 원동력이 됩니다.

이처럼 남에게 베풀고 있는 그대로의 자신을 존중하는 삶의 태도는 모두 한 가지 바탕 위에서 가능한데요. 바로 '사람을 좋아하는 마음'입니다. 인복이 많은 사람의 세 번째 특징이죠. 타인을 진심으로 아끼고 소중히 여기는 태도야말로 인복이 좋은 사람의 가장 근본적인 자질이라 할 수 있습니다. 상대방을 향한 따뜻한 관심과 호기심, 겸손하고 진실한 태도는 모두 사람을 향한 애정에서 비롯되는 것이니까요.

이 모든 것이 타고나기를 외향적이고 사교적인 사람들에게만 국한되는 것 같지만, 실상은 그렇지 않습니다. 낯선 사람들과 어울리는 것을 부담스러워하는 내향적인 사람들도 마음속으로는 사람에 대한 관심과 애정을 품고 있습니다. 비록 표현하는 방식은 외향인과 다를지라도, 이들 역시 진솔한 대화를 통해 공감대를 형성하는 데서 기쁨과 보람을 느낍니다. 내향적일수록 폭넓은 교류보다는 소수와의 깊이 있는 만남을 선호하는 편이지만, 그만큼 한 번 맺은 인연을 오래도록 소중히 여깁니다. 섬세한 공감 능력으로 상대방의 마음을 사로잡아 의미 있는 인복을 만들어가기도 하죠.

1936년에 출간된《인간관계론》에서 데일 카네기는 관계의 기본 원칙으로 타인에게 진심으로 관심을 가지는 것을 꼽았는데요. 이는 단순한 처세술이 아니라 인복을 잘 짓는 사람들의 핵심 특징이라고 할 수 있습니다. 다른 사람들에 대한 진정한 관심을 바탕으로 연결될 때 기쁨과 충만감을 느끼는 사람들에게 인간관계는 단순한 비즈니스 수단이 아닙니다. 삶의 의미를 창조하는 과정입니다. 다양한 가치관과 배경을 지닌 다른 사람들과 교감하며 자신의 세계를 넓히는 성장의 기회로 삼는 것입니다.

새에게는 둥지를, 거미에게는 거미줄을, 사람에게는 우정을.

— 윌리엄 블레이크

4장

서로 다른 세계가
연결되는 법

왜 '나다움'을 추구하면서
타인의 '남다름'은 어려워할까?

나답게 살고 싶어 하는 사람들의 모임에 참석한 적이 있었습니다. 나이대도, 하는 일도 저마다 달랐으나 자신만의 취향과 강점을 발견하여 자기다운 삶을 살고 싶어 한다는 목적을 공유한 모임이었습니다. 이런저런 이야기를 나누다가 우연히 화제가 아이폰과 갤럭시를 비교하는 것으로 넘어갔습니다. 아이폰 사용자는 소수였고, 갤럭시 사용자가 더 많았는데요. 그때 어떤 사람이 웃으며 이렇게 말했습니다.

"솔직히 아이폰 쓰는 건 허세죠."

농담 삼아 한 얘기일 테고 기분을 상하게 하려는 의도는 전혀 아니었다고 생각하지만, 의아했던 건 '나다움'을 추구한다는 사람들의 모임에서 그런 말이 나왔다는 점입니다. 아이폰을 쓰든, 갤럭시를 쓰든, 중국산 스마트폰을 쓰든 전적으로 개인의 취향에 따른 선택이죠. 그런데 '자기다운' 취향과 개성을 발견하고 존중하는 삶을 지향한다는 사람들의 모임에서 정작 타인의 취향을 허세라고 평가하는 게 모순적으로 느껴졌습니다.

아이폰이 나왔으니 맥북 얘기도 안 할 수 없겠는데요. 한국 사회에서는 "스타벅스 입장권이 맥북"이라는 농담이 있을 정도로 스타벅스에서 맥북을 사용하는 것을 허세처럼 여기는 시선이 있죠. 대한민국 스타벅스 고객들이 실제로 맥북을 많이 사용하는지는 확인되지 않았습니다. 맥북이 다른 노트북에 비해 시각적으로 두드러져 그런 이미지가 형성되었을 가능성도 있을 겁니다. 이는 눈에 잘 띄는 것에 더 주목하여 실제보다 과대평가하는 '현저성 편향'이나, 자신이 이미 가지고 있는 신념을 강화하는 '확증 편향'이 작용할 수 있다는 의미입니다.

"스타벅스 입장권은 맥북이다"라는 표현을 뒤집어 보면, 맥북이 아닌 다른 노트북을 들고 스타벅스에 가기에는 눈치가 보인다는 심리를 엿볼 수 있습니다. 내 돈 내고 내가 어딜 가서 무슨 제품을 사용하든 그건 전적으로 개인의 자유이고 취향일 뿐입니다. 오히려 특정 제품을 쓰는 사람들을 '허세', '있어빌리티'라는 식으로 매도하는 태도야말로 남들보다 '더 있어 보이고자 하는 허세'가 아닌지 돌아볼 필요가 있지 않을까요.

좋아하는 브랜드를 자유롭게 사용하고 싶지만, 남들 눈치 때문에 다른 회사 제품을 사는 것도 어색한 일입니다. 제품 하나 구매하는 데 그렇게까지 타인의 시선을 의식할 필요는 없으니까요. 서로의 취향을 더 존중하는 문화가 확고히 자리잡히면 어떨까 하는 아쉬움이 남는 대목입니다.

내 취향만 소중하다고 말하는 사람들

반인륜적이고 부도덕한 취향이라면 모를까, 모든 사람의 취향은 그 자체로 존중받을 자격이 있습니다. 자기 취향만 소중하게 여기고 타인의 취향은 함부로 평가절하한다면, 결국 그 화살은 언젠가 되돌아온다고 생각합니다. 다른 사람들에게 내 취향을 존중받고 싶다면 타인의 취향도 존중할 수 있어야겠죠.

혹시 '타인의 취향을 함부로 무시하는 것이 나의 취향이다'라는 주장을 하고 싶은 분이 있을지 모르겠으나, 이는 황금률*golden rule*에 어긋납니다. 황금률이란 '내가 대접받고 싶은 대로 남을 대하라'는 윤리적 원칙으로, 거의 모든 문화와 종교에서 공통적으로 찾아볼 수 있는 개념입니다. 《마태복음》 7장 12절에 나오는 구절이기도 합니다. 타인의 취향을 배척하는 태도를 '나다움'이라고 말하고 싶다면, 남들이 내 취향을 거부하거나 비난하는 것도 똑같이 수용할 수 있어야 할 텐데, 그럴 수 있는 사람은 없을 겁니다.

그런데 왜 사람들은 자신의 취향은 소중히 여기면서도 타인의 취향을 함부로 평가하려 드는 걸까요? 심지어 '나다움'을 추구하는 사람들조차 타인의 '나다움'은 존중하지 못하는 건 왜 그럴까요?

사실 편을 가르고 외부인을 경계하려는 심리는 개인의 성숙도 문제라기보다는 사회적 동물인 인간의 본성에 기인합니다. 사회심리학자들의 연구에 따르면, 사람들은 아주 사소한 기준만 주어져도 자신과 타인을 '우리'와 '그들'로 나누려는 경향을 보입니다. 예를 들어 옷차림이나 말투, 피부색과 같은 작은 차이조차 사람들 사이에 경계를 형성할 수 있습니다. 이런 심리적 메커니즘은 현대 사회에서도 그대로 이어지는데요. 때로는 나와 다른 취향을 가진 사람들을 무의식적으로 평가하거나 경계하게 합니다.

인류는 오래전부터 생존을 위해 집단을 이루어왔습니다. 이 과정에서 집단 내 결속을 강화하고, 외부로부터 자신을 보호하는 능력을 가진 사람들이 살아남을 확률이 높았을 겁니다. 다시 말해, 인간은 본능적으로 친밀한 관계를 구축하고자 외부인을 경계하려는 경향을 지니고 있습니다. 인간이 불확실성을 어떻게 인식하고 통제하려 하는지를 중점적으로 연구해온 미국의 사회심리학자 아리 크루글란스키는《불확실한 걸 못 견디는 사람들》에서 식량이나 땅 같은 자원을 두고 '다른 집단의 사람들'과 벌였던 치열한 경쟁이 현재까지 이어져 '나와 다른 존재'에 대한 공포와 혐오의 진화에 기여했다고 설명합니다. 그리고 이러한 본능적 공포가 인류의 생존을 지속적으로 위협하면서 끊임없는 전쟁뿐 아니라 일상 속 편견, 차별, 잔혹 행위를 초래했다고 덧붙입니다. 크루글란스키는 인간이 어떤 정보를 접할 때 반증할 여지가 없는 최종 결론을 얻고자 하는 욕구인 '종결 욕구*need for closure*'라는 개념을 제시했는데요. 종결 욕구가 강한 사람, 즉 확실성에 대한 갈망이 큰 사람일수록 인생에서 예측 가능성이 뚜렷한 것을 선호하다 보니, 고정관념에 쉽게 의존하며 인지적 유연성이 떨어지는 특징이 있습니다. 이들은 한번 마음을 정하고 나면, 아무리 반대되는 증거나 주장이 나와도 처음의 생각을 바꾸지 않을 가능성이 높죠.

크루글란스키는 사회의 다양성이 커질수록 불확실성은 더 커지기 마련이고, 편견을 강화할 수 있다고 말합니다. 그리고 이때의 불확실성은 사람들의 인지적 종결 욕구를 높여 반다양성 정서와 외국인 혐오를 부채질한다고 강조합니다.

폴 블룸 같은 심리학자들은 친족이나 내집단에 대한 도덕성을 진화시키는 동력은 유전적 공통점이지만, 낯선 이방인이나 외집단에 대해 친절해지고자 하는 선천적인 욕구는 없다고 설명합니다. 인류 역사에서 최근에 발견된 '0'이라는 숫자를 두고 설명해볼까요? 어린아이는 이 숫자를 직관적으로 이해하기 어렵습니다. 아이는 후천적인 학습을 통해 '0'의 개념을 깨우치게 되죠. 이와 마찬가지로 외집단에 대한 도덕성과 친절도 타고나지는 않았지만 양육을 통해 배운다는 것입니다. 즉 나다움을 추구하는 것에 머물지 않고, 타인의 '남다름'을 존중하는 태도 역시 학습을 통해 기를 수 있다는 의미입니다.

타인의 고유성을 존중할수록 나의 삶도 더 선명해진다

타인의 취향을 함부로 평가하고 싶어질 때, 우리는 그 경향이 오래된 본성에 의한 것임을 알아차리고 서로의 다름을 존중하려는 노력을 의식적으로 해야 합니다. 인격적 성숙에도 연습은 필요합니다. '나다움'을 추구한다는 것은 자신의 개성과 취향을 지키며 살아가는 동시에 타인의 고유성도 인정하는 것을 의미합니다. 이는 자신의 권리와 욕구를 이해하고 존중하며, 적절히 표현할 수 있는 능력이 있어야 가능합니다.

자신의 취향과 욕구에 대한 이해와 존중심이 부족한 사람들은 타인의 취향도 존중할 수 없기에 상대의 취향을 함부로 무시하거나 비난하는 경향이 있습니다. 자신의 가치에 대한 확신이 부족한 사람일수록 자신의 불안이나 결핍을 타인에게 투사해 상대방을 비하함으로써 상대적 우월감을 느끼려고 하기 때문입니다.

진정한 나를 실현해나가는 사람들은 타인의 '자기다움' 역시 존중합니다. 자신과 다른 취향을 가진 사람을 만나더라도 서로의 차이를 인정하고 응원하는 관용의 문화를 함께 만들어갈 때, 나다운 삶을 위한 안전한 터전이 마련된다는 것을 이해하기 때문입니다.

나를 존중하고 신뢰하는
근원적인 힘은 어디에서 오는가?

어느 때보다도 '나'를 중시하는 시대를 살고 있습니다. 몇 년 전부터 '자존감', '나다움', '진짜 나'와 같은 키워드가 꾸준히 주목받고 있죠. 한국에서 자존감 열풍이 본격적으로 시작된 건 2010년대 이후지만, 미국에서는 이미 1980~1990년대에 '자존감 운동*Self-Esteem Movement*'이 절정을 이뤘습니다. 그러다가 1990년대 후반부터는 자존감의 효과에 대한 비판적 연구가 등장하면서 그 열풍이 사그라든 편입니다.

안정적인 자존감이 정신건강에 긍정적인 영향을 줄 수 있음은 분명해 보입니다. 자신의 가치를 내면에서 확신하고 있는 사람은 실패나 외부의 비판에도 크게 흔들리지 않고 삶의 균형을 유지할 수 있으니까요. 하지만 '나다움'에만 너무 집중하느라 인간관계를 등한시하거나, 지나치게 자기중심적으로 행동하는 것은 오히려 정서적 안녕감과 사회적 성공에 해로운 영향을 끼칠 수 있습니다.

'혼자'라는 관계의 단절에서 벗어나기

최근 쇼펜하우어나 니체 같은 철학자들의 어록이 인기를 얻고 있죠. 특히 '친구가 없을수록 똑똑하다는 증거'라는 쇼펜하우어의 철학적 견해는 혼자 있는 삶을 지향하는 현대인들에게 위안의 메시지로 자주 인용됩니다.

하지만 우리가 말하는 '혼자'의 의미를 좀 더 깊이 들여다보면 흥미로운 점을 발견할 수 있습니다. 혼자가 편하다며 '혼밥'을 하는 사람들 중 일부는 오롯이 혼자 밥을 먹는 게 아니라, 어떤 유튜버의 라이브 방송을 보면서 밥을 먹습니다. 그리고 자신의 혼밥 사진을 인스타그램 스토리에 올려 타인과의 연결을 시도하기도 합니다. "나는 혼자가 좋아"라고 주장하는 사람들조차 쇼펜하우어나 그의 철학을 해석한 교수, 작가, 유튜버라는 존재에게 의지하며 마음의 위안을 얻고 있습니다. 이처럼 혼자 있는 걸 선호한다고 말하는 현대인들조차 유튜브나 SNS를 통해 끊임없이 타인과의 연결을 시도하며 살아간다는 건, 우리가 진정으로 원하는 게 완전한 고독이 아니라 자신을 이해하고 지지해주는 '선택적인 관계'일지도 모른다는 점을 시사합니다.

어쩌면 완벽한 고독을 선호한다기보다는 불편한 관계를 회피하고 싶은 것일 수도 있습니다. 우리는 끊임없는 사회적 평가 속에서 지치고 상처받습니다. 때로는 모든 관계를 단절하고 싶다는 극단적인 생각에 이르기도 합니다. 하지만 우리에게 진정으로 필요한 것은 관계의 단절이 아닌 건강한 관계입니다. 우리는 '혼자 있음'을 이상화하며 잠시 도피처를 찾을 수는 있지만, 타인과의 진정성 있는 교류 없이는 온전한 삶을 영위하기 어려운 사회적 동물이기 때문입니다.

인간은 왜 이렇게 사회적 관계를 중요하게 여기게 된 걸까요? 이는 인류의 진화 과정과 밀접한 관련이 있습니다. 인류의 조상들에게 '사회적 뇌'가 발달하게 된 이유는 서로가 잘 협력해야만 생존과 번식을 도모할 수 있었기 때문입니다. 미국의 심리학자이자 신경과학자 매튜 D. 리버먼은 《사회적 뇌 인류 성공의 비밀》에서 매슬로의 유명한 욕구 위계설을 뒤집는 주장을 합니다. 우리가 알고 있는 욕구 위계설에서는 음식, 물, 보금자리 같은 생리적 욕구가 피라미드의 최하단에 있지만, 리버먼은 사회적으로 연결되어 보살핌을 받고자 하는 '사회적 욕구'야말로 인간의 진정한 욕구라고 주장합니다. 즉 사랑이나 소속감 같은 사회적 욕구는 '있으면 좋지만 없어도 괜찮은' 편의상의 문제가 아니라, 인간의 생존 욕구와 직결된 것이라는 이야기입니다.

　인류 역사에 이름을 남긴 수많은 사상가와 성현이 후대에 전한 지혜를 살펴보면 '관계'에 관한 교훈이 중요한 부분을 차지합니다. 관계는 그만큼 우리 삶에 있어 필수불가결한 요소입니다. '어떻게 살아야 하는가?'라는 질문은 종종 '어떻게 관계를 잘 맺어야 하는가?'라는 질문과 연결됩니다. 여기서 '관계를 맺는다'는 개념은 '나'와 '너'뿐 아니라 '나'와 '나'도 해당합니다. 타인과의 관계만 개인의 존재를 규정짓는 것은 아닙니다. 타자와의 관계 속에서 나 자신의 본래적 가치를 찾는 동시에, 타인이 나를 집어삼키지 않도록 중심을 잘 잡을 수 있어야 합니다. '타인과 관계를 잘 맺는 것'과 '자신의 고유한 존재를 실현하는 것' 사이에서 균형을 이루는 것이 중요합니다.

진짜 자존감은 타인의 영향력을 겸허히 인정하는 것부터

저의 전작《더는 나를 증명하지 않기로 했다》에서 언급했듯이 자존감이라는 개념에 지나치게 얽매일 필요는 없습니다. 자존감은 정신건강의 핵심 요소일지는 모르지만, 역설적이게도 자존감 그 자체에 집착할수록 오히려 불안해지기 쉽습니다. 심리상담사나 작가처럼 직업적으로 자존감을 다뤄야 하는 경우가 아니라면, 일상에서 자존감이라는 단어 자체를 잊고 사는 것도 좋은 방법입니다. 스스로를 증명하려는 마음 없이 내가 나를 온전히 사랑하고 존중할 수 있다면 그보다 더 건강한 삶은 없을 테니까요. 다만 자신과 타인과의 관계에서 균형을 잡는 법의 일환으로 자존감의 개념을 살펴보는 건 나쁘지 않습니다.

우리는 흔히 자존감이란 타인의 평가와는 무관하게 내가 나를 얼마나 가치 있는 존재로 여기는지와 관련된 개념이라고 생각합니다. 남이 나를 뭐라고 생각하든 신경 쓰지 않고, 스스로를 존귀하게 여길 수 있는 마음을 높은 자존감이라고 보는 것인데요. 최근 뇌과학 연구 결과들은 이런 자존감의 통념에 의문을 제기합니다. 결론부터 말하면, 뇌과학적으로 자존감이라는 개념은 다른 사람들이 나를 어떻게 보는지에 관한 나의 인식과 관련되어 있습니다.

뇌과학자들에 따르면, '자기*self*'는 우리가 생각하는 것만큼 외부의 침입을 완벽히 차단할 수 있는 요새가 아닙니다. 리버먼은 자기*self*는 사회적 영향에 활짝 개방된 고속도로와 같다고 합니다.

진화론적인 관점에서 봐도 지난 수백만 년 동안 인류 조상의 생존을 좌우한 것은 '나다움'을 추구하는 게 아니었습니다. 소규모 무리에서 다른 구성원들의 신뢰 여부였습니다. 무리에서 신뢰를 얻으려면 다른 구성원에게 좋은 평가를 받아야 했고, 그러려면 당연히 타인의 시선을 신경 써야만 했거든요. '나답게' 살겠다고 자기가 하고 싶은 대로 하는 사람들은 쉽게 무리에서 신뢰를 잃거나 추방당할 가능성이 높았을 겁니다. 원시사회에서 무리에서 떨어져나와 고립된다는 건 사형 선고나 다름없는 일이죠.

듀크대학교 심리학 석좌교수인 마크 리어리에 따르면, 우리는 인간의 내면에 존재하는 사회성 계량기를 통해 인간관계의 파트너로서 자기 자신이 얼마나 가치 있는지 끊임없이 평가합니다. 사람들은 흔히 타인의 시선을 신경 쓰지 말라고 하지만, 이런 맥락에서 보면 우리는 외부 평가나 타인의 시선에서 결코 자유로울 수 없습니다. 우리가 타인의 시선과 평가에 종종 무심한 척하는 이유는 남들에게 약한 사람처럼 보이고 싶지 않기 때문이고, 이 또한 결국은 타인에게 좋은 평가를 받고자 하는 욕구의 다른 표현입니다.

예를 들어 어떤 사람이 자기가 타인의 시선을 전혀 의식하지 않는다면서 늘 요란한 스타일의 옷만 고집한다면, 그는 사실 불특정 다수에게 깊은 인상을 남기고 싶은 욕구가 있는 것입니다. 타인에게 좋은 평가를 받고 싶어 하는 심리이므로 이 또한 타인의 시선을 신경 쓰고 있는 것이죠. 정작 본인은 이런 마음을 자각하지 못한 채 정말 다른 사람들을 신경 쓰지 않는다고 믿겠지만요. 그러나 세계적인 사회심리학자 조너선 하이트는 타인의 시선을 전혀 신경 쓰지 않을 수 있는 사람은 오직 사이코패스뿐이라고 말합니다. 바꿔 말하면 뇌가 고장 난 사이코패스가 아닌 평범한 사람들이 타인의 시선을 어느 정도 신경 쓰는 건 지극히 자연스러운 일이라는 겁니다.

누구의 눈에도 띄지 않는 곳에서도 스스로에게 정직하게 살아야 하는 이유

타인의 긍정적 평가가 반드시 높은 자존감으로 이어지는 것은 아닙니다. 사회적으로 인정받는 지위를 획득했음에도 자존감이 낮거나 건강하지 않은 사람들, 심지어 극단적인 선택을 하는 이들이 존재한다는 사실에서 이를 알 수 있습니다.

반면, 사회적 교류가 적고 고독을 즐기지만 건강한 자아상을 유지하는 사람들이 있습니다. 산에서 은둔하는 수행자나 자발적으로 혼자 사는 사람들은 자연과의 교감, 신앙, 예술 창작 등으로 건강한 자기가치감을 느끼며 살아갑니다.

다른 사람에게 칭찬을 받으면 기분이 좋아지고 자신감이 생길 수는 있겠지만, 근원적인 자존감을 높이기 위해서 반드시 실천해야 하는 한 가지가 있습니다. 바로 자기 자신에게 정직하게 살아가는 것입니다. 아무도 나를 지켜보는 사람들이 없는 순간에도 내 마음이 옳다고 믿는 가치를 따라 살아갈 때 진정한 자존감이

싹틀 수 있는 내면의 토양이 생기고, 내가 나를 진심으로 신뢰할 수 있게 됩니다. 다른 사람의 눈을 의식하며 체면을 중시하는 것보다 더 중요한 건 스스로에게 떳떳한 삶을 살아가는 것입니다. 이런 감각은 반드시 직접 경험해봐야 알 수 있습니다.

자기 자신에게 정직하게 살아간다는 것은 외부의 보상이나 처벌이 아니라, 자신의 내면적 신념과 가치관에 따라 행동하는 것입니다. 이처럼 '내재적 동기intrinsic motivation'에 따라 살아가는 사람은 더 큰 자율성과 자기결정성을 느끼는데, 이는 건강한 자기존중으로 이어집니다. 스스로에게 정직하게 살아가는 사람은 외부의 인정이나 타인의 평가에 의존하지 않고, 자신의 내면적 기준에 따라 자아를 존중하는 것이지요. 일찌감치 이런 사실을 깨달았던 애덤 스미스는《도덕 감정론》에서 자기기만은 인간의 치명적인 약점이며, 인간이 살면서 겪는 혼란의 절반은 이 자기기만에서 비롯된다고 했습니다. 프리드리히 니체 역시 "증인이라고는 오직 자신뿐인 곳에서도 정직하게 살고 자기 자신에게조차 티끌만큼의 거짓말도 하지 않을 때야말로 스스로가 고상한 존재임을 깨닫고 진심 어린 자긍심을 가질 수 있다고 했습니다. 동양의 유교 사상에서도 비슷한 개념이 있습니다.《대학》과《중용》에 나오는 신독愼獨이라는 개념인데요. 군자는 남들이 보지 않을 때도 도리에 어긋남 없이 자신의 언행을 스스로 살피고 삼간다는 뜻입니다. 즉 홀로 있을 때도 자기 자신을 속이지 않는다는 것입니다.

물론 성인군자가 아닌 평범한 우리가 그 어떤 자기기만도 하지 않고 살아가는 건 현실적으로 어려울지도 모릅니다. 의식이 아닌 무의식의 세계에서 벌어지는 자기기만은 스스로도 잘 인식할 수 없기 때문입니다. 미국의 경제학자 러셀 로버츠의 말처럼 '나는 나의 민낯을 정직하게 본다'라는 믿음이야말로 가장 심각한 자기기만인지도 모릅니다. 따라서 자기인식의 한계까지도 겸허히 인정하는 것이야말로 스스로를 속이지 않는 정직한 태도입니다.

버트런드 러셀은《행복의 정복》에서 우리는 자기기만으로 행복과 만족을 얻을 수 없다고 역설했습니다. 진실이 아무리 불쾌한 것일지라도 단호하게 그것을 직시하고 수용해야 하며, 그 진실에 입각해 자신의 삶을 구축해가는 것이 바람직하다는 것이죠.

애덤 스미스, 아르투어 쇼펜하우어, 프리드리히 니체, 버트런드 러셀, 리처드 파인만, 페터 비에리, 로버트 트리버스 등 저명한 학자와 작가들이 말한 것처럼, 습관적으로 자신을 기만하는 삶보다는 꾸준히 자기성찰을 하는 삶이 훨씬 더 건강하다고 믿습니다. 타인이 부재하는 상황에서도 자신에게 정직하게 살아갈 수 있다면, 외부의 평가에 쉽게 휘둘리지 않는 진정한 자기 사랑이 뿌리내릴 수 있습니다.

자신을 속이지 않고 '믿는' 사람이 진정한 신뢰를 얻는다

자기 자신을 충분히 믿지 못해서 힘들어 하는 사람들이 많습니다. 한쪽에서는 '내가 나를 믿어줘야 한다'는 이야기를 합니다. 그러나 자신을 믿지 못하는 이유가 '나를 믿어야 한다'는 당위성을 모르기 때문은 아닐 겁니다. 마치 어떤 무신론자가 오늘부터 신을 믿어야 한다고 다짐한다고 해서 곧바로 유신론자가 되지 않는 것처럼요. 자기 자신을 믿고 싶지만 믿을 수 없다면, 그 이유는 '나를 믿어야 한다는 생각'을 몰라서가 아니라, 그것을 실제로 느끼고 받아들이는 것이 어렵기 때문입니다.

우리가 신뢰감을 느끼는 사람의 특징을 생각해봅시다. 그 사람이 믿을 만한 행동을 보여주지 않고, 거짓말을 일삼았음에도 무턱대고 맹신하거나 맹종하지는 않겠지요. 그 사람은 꾸준히 신뢰를 줄 만한 말과 행동을 보여주었을 겁니다. 내가 나를 믿는 것도 마찬가지입니다. 나를 믿지 못한다면, 어쩌면 그 이유는 살면서 나 자신을 자꾸 속이고 신뢰를 쌓지 못한 시간이 그만큼 길어서인지도 모릅니다. 그러므로 내가 나에게 거짓말을 하지 않고 정직해지는 것이 자기신뢰의 핵심입니다.

토드 로즈는 중학교 때 ADHD 장애 판정을 받고 성적 미달로 고등학교를 중퇴했습니다. 하지만 지역 대학에 진학해서 주경야독한 끝에 현재 하버드대학교 교육대학원 교수로 재직 중이며, 교육신경과학 분야의 선도적인 학자가 되었습니다. 그는 저서 《집단착각》에서 인생에서 진정한 성공을 거둘 수 있는 방법은 스스로에게 정직해지는 것이라고 말합니다.

물리학자 리처드 파인만도 1974년 칼텍 졸업식 연설에서 첫 번째 원칙은 자기 자신을 속이지 않는 것이라고 했으며, 자기 자신은 가장 손쉽게 속일 수 있는 대상이라고도 덧붙였습니다.

'자기신뢰'와 '자기기만'은 어떻게 구별할까?

얼핏 보면 내가 나를 '믿는' 것과 내가 나를 '속이는' 것이 비슷해 보여서 헷갈립니다. 우리는 이 두 개념, 즉 '자기신뢰'와 '자기기만'을 어떻게 구별할 수 있을까요? 더 나아가 '자신을 진정으로 믿는다'는 것은 무엇을 의미할까요?

먼저 내가 나를 속이는 행위의 의미가 무엇인지 살펴봅시다. 사람들은 언제 자기 자신에게 거짓말을 할까요? '불편한 진실'이라는 표현은 익숙하지만, '편안한 진실' 또는 '유쾌한 진실'이라는 표현은 좀처럼 듣기 어렵습니다. 그만큼 진실을 직면하는 것은 대부분 불편함을 동반합니다. 불편한 진실을 외면한다는 고통을 피하고자 할 때, 사람들은 보통 자기 자신을 속이는 전략, 즉 자신에게 유리한 방식으로 현실을 왜곡하여 받아들이는 방식을 무의식적으로 선택할 가능성이 있습니다. 이 같은 자기기만은 불쾌하거나 불안한 상황에서 자아를 보호하려는 전략입니다.

자기기만이 단순히 수동적인 자기방어 전략에만 머무는 건 아닙니다. 호혜적 이타주의와 자기기만 등 여러 분야에서 탁월한 업적을 남긴 미국의 진화생물학자 로버트 트리버스는 자기기만이 타인을 기만하는 데 봉사하도록, 즉 다른 사람들을 더 잘 속이기 위해 진화했다고 주장합니다. 예를 들어 우리는 잘 모르는 누군가가 자신만만하게 행동하면 실제로 그만한 자격이나 능력이 있을 거라고 믿는 경향이 있습니다. 이렇듯 자기 자신을 실제 모습보다 더 긍정적으로 표현하고 장점을 부각시키는 것, 즉 과신 또는 자기 고양 전략을 인간관계에서 잘 구사하면 '자신감 있는 사람'으로 인식될 가능성이 높습니다. 실제로 연애나 사업, 취업 등에서 이런 특성을 잘 구사하면 도움을 받을 수 있을 테니 적극 활용하라는 내용이 여러 자기계발서에 등장하는 것도 무리는 아니죠.

결국 일부 사람들이 특정 상황에서 과도한 자신감을 드러내는 이유는 타인을 잘 '설득'하기 위함입니다. 트리버스는 과신이 가장 오래되고 가장 위험한 형태의 자기기만 중 하나라고 믿는다고 말합니다. 그는 과신이 지식과는 무관하며, 오히려 무지한 사람일수록 자신감이 더 넘칠 수 있다고 덧붙입니다.

이렇듯 자기기만은 자신의 내적 모순을 은폐하고, 타인에게 원하는 이미지를 심어주려는 기만적인 의도에서 비롯됩니다. 그에 반해, 자기신뢰는 외부의 시선에 얽매이기보다는 내면의 진실을 직시하여 스스로 성장하는 데 목적이 있다는 점에서 자기기만과 근본적으로 다릅니다.

자기 자신을 진실로 '믿는' 법

우리는 어떻게 진정으로 자신을 '믿을' 수 있을까요? 미국의 암벽등반가 알렉스 호놀드를 통해 자기 자신을 속이지 않고 진실로 '믿는' 사람의 전형을 볼 수 있습니다. 호놀드는 로프 같은 안

전장치 없이 맨몸으로 혼자 암벽을 등반하는 프리솔로*Free Solo* 전문가입니다. 단 한순간의 실수도 즉사로 이어질 수 있는 상황에서 그는 절대로 자신을 속여서는 안 됩니다. 오직 진실한 자기신뢰로 등반에 임해야 합니다. 자기기만적 과신에 빠진다면 곧바로 죽음으로 이어질 수 있기 때문입니다.

2017년, 호놀드는 미국 요세미티 국립공원에 있는 910미터의 절벽 엘카피탄*El Capitan* 프리솔로 등반에 성공했습니다. 물론 그가 노력 없이 천부적인 재능만으로 성공한 것은 아닙니다. 무려 50여 차례나 로프를 매단 채 절벽을 오르며 루트에 있는 모든 홀드의 위치와 촉감을 기록하고 암기했습니다. 홀드에서 다음 홀드로 이동하는 동작을 시각화하며 끊임없이 연습했고, 심지어 등반 하루 전날에도 가만히 쉬지 않았습니다. 다음 날 자신의 손이 닿을 예정인 루트의 모래와 자갈을 직접 제거했습니다. 그렇게 9년의 세월 동안 완벽에 가까운 연습과 이미지 트레이닝을 거듭한 끝에 그는 진정으로 자신을 믿을 수 있었습니다.

알렉스 호놀드의 이야기는 우리에게 깊은 통찰을 선사합니다. 자신이 오르고자 하는 절벽을 수년간 꼼꼼히 연구하고 준비한 끝에 프리솔로에 성공한 호놀드가 몸소 증명했듯이, 자신의 현실을 명료하게 인식하는 것이 진정한 자기신뢰의 초석이 됩니다.

비록 호놀드처럼 극적인 도전을 하지는 않을지라도, 우리 역시 삶에서 크고 작은 자신만의 절벽을 마주할 때가 있습니다. 실패의 두려움을 무릅쓰고 새로운 일에 도전하거나, 어려운 결정을 내리기 위해서는 용기가 필요합니다. 그 순간 불편할 수도 있는 진실을 기꺼이 직면하는 것이 바로 자신을 믿는 태도입니다.

'내가 틀릴 수도 있다'는 마음이 필요하다

역설적으로 들릴지도 모르지만, 자신을 진정으로 신뢰하기 위해서는 무엇보다 '내가 틀릴 수도 있다'는 사실을 겸허하게 인정해야 합니다. 자신의 잠재력과 능력을 의심하라는 말이 아닙니다. 내가 완벽하진 않아도, 실수와 오류를 발견하고 수정해나갈 역량이 있는 온전한 존재임을 스스로 인정할 수 있어야 합니다. 그러려면 나를 아프게 할 수 있는 진실을 마주할 용기를 내야 합니다. 때로는 실수와 오류를 범하는 자신의 한계를 인정하되, 내 안의 잠재력을 믿어보는 것이지요. 자신과 진솔한 대화를 나누면서 나의 취약한 모습이나 외면했던 문제들을 마주해야 할 수도 있을 겁니다. 하지만 인내심을 가지고 스스로를 깊이 성찰하는 과정을 통해 메타인지와 성장 마인드셋이 길러지며, 이를 바탕으로 '나는 나를 믿는다'는 단단한 신뢰감을 갖게 되는 것입니다.

자기 자신에 대한 건강한 믿음은 하루아침에 생기지는 않을 겁니다. 사소해 보일지라도 자기 자신과의 약속을 지키는 경험이 충분히 쌓여야 합니다. 이는 자신에 대한 맹목적인 믿음이나 허세가 아닙니다. 자신의 잠재성을 믿고 나아가는 현실 경험을 통해 획득할 수 있는 내면의 힘입니다.

불편한 진실을 마주하는 게 두려워서 자신을 속일 수도 있겠지만, 진실을 외면한다고 해서 마음이 편안해지는 것도 아닙니다. 우리 안의 양심은 진실을 외면한 대가로 또 다른 불편함을 만들어내기 때문입니다. 양심의 목소리를 지나치게 억누르거나 무시하면, 장기적으로 불안이나 자책감이 유발될 수 있습니다.

자기기만이라는 달콤한 유혹을 뿌리치고, 불편할 수도 있는 진실을 직시하는 태도는 자신과의 관계에도 긍정적인 역할을 합니다. 내 안의 진실을 외면하지 않고 있는 그대로 바라보는 것은 용기가 필요한 일입니다. 하지만 두려움을 이겨내고 성공한다면 스스로에 대한 자부심을 느낄 수 있을 뿐만 아니라, 그 과정에서 찾아오는 해방감은 다른 어떤 보상보다도 값질 것입니다.

'나다움'이라는
착각에서 벗어나려면

요즘 한국 사회에는 '퇴사 후 나답게 살기', '나다움', '진짜 나를 찾는다' 같은 키워드가 유행처럼 번지고 있습니다. 이런 현상은 우리가 공동체로부터 분리된 개인의 고유한 정체성을 찾을 수 있고, 찾아야만 하며, 그러한 과정이 '진정한 나'를 발견하는 길이라는 암묵적 믿음에 뿌리를 두고 있습니다.

우리 사회에서 유행하는 이른바 '나다움' 담론에는 두 가지 전제가 내포되어 있습니다. 첫 번째는 내 안에 고정되어 변하지 않는 진짜 내가 이미 존재하며, 그것을 스스로 찾기만 하면 성공한다는 콘셉트입니다. 두 번째는 진짜 나는 외부의 영향을 받지 않는, 내면의 순수한 목소리를 들음으로써 완성할 수 있다는 개념입니다.

　사실 '나'라는 개념은 다면적입니다. 뇌과학, 심리학, 철학, 종교와 영성에 이르기까지 각 분야는 저마다의 독특한 렌즈로 자아를 바라보고 이해합니다. 현대 뇌과학에서는 자아를 뇌의 신경망 활동에서 발생하는 복잡한 상호작용의 산물로 봅니다. 심리학에서는 자아를 의식적인 요소와 무의식적인 요소가 복합적으로 작용하는 구조로 이해합니다. 실존주의 철학자들은 자아를 자신의 선택과 행동을 통해 끊임없이 형성해 가는 주체로 보았습니다. 기독교에서는 하느님의 형상으로 인간이 창조되었으나 원죄로 인해 타락한 자아가 구원의 과정을 통해 회복되고 완성된다는 맥락에서 봅니다. 불교에서는 고정된 실체로서의 자아가 존재하지 않는다는 무아無我라는 개념으로 설명합니다. 이해하기 쉽게 단순화하여 표현했지만, '나'라는 개념은 학문과 사상적 틀에 따라 다양한 방식으로 정의할 수 있거나, 또는 정의하기 어렵습니다. 어쩌면 '진짜 나'는 현대인의 허상에 불과할지도 모르죠.

'내면의 목소리'라는 역설

자신만의 정체성을 찾고 실현한다는 것은 내면의 생각과 감정을 깊이 들여다보며 개인의 서사를 써내려가는 과정이라고 할 수 있습니다. 그런데 우리가 굳게 믿고 있는 신념, 생각, 감정, 욕망도 실은 대부분 외부 세계의 영향을 받아 형성된 결과물입니다. 즉 우리가 '내면의 목소리'라고 굳게 믿는 그 소리의 출처는 아주 어린 시절부터 우리를 둘러싸고 있던 사회적 환경일 가능성이 높습니다.

따라서 '내면의 목소리를 따르라'는 조언은 그 자체로 역설을 내포하고 있습니다. 얼핏 보면 자기실현의 정수를 담은 듯한 이 조언은 우리를 또 다른 획일화의 함정으로 이끌 수도 있습니다. 진정한 자아를 찾기 위해서 귀 기울이려는 내면의 목소리조차도 외부에서 주입된 것일 수 있기 때문입니다.

예를 들어 '직장이라는 지옥의 굴레에서 벗어나 자유롭게 사는 것이 진짜 성공'이라는 신념을 가진 A가 있습니다. A는 어느 날 불현듯 혼자 깨달음을 얻어 그런 결론에 다다른 게 아닙니다. 이 시대에 가장 주목받는 메시지를 외부로부터 받아들인 것이지만, 정작 자신은 그런 사실을 깨닫지 못한 채 '내면의 목소리'에 귀를 기울인 결과 스스로 깨달았다고 믿을 수 있겠죠.

우리의 사고와 감정은 태어나는 순간부터 환경과 교육, 사회적 상호작용을 통해 형성됩니다. 내가 지금 듣고 있는 내면의 목소리라는 것도 외부에서 주입된 가치관과 신념의 메아리일 수 있음을 인식할 필요가 있습니다. 따라서 '내면의 목소리를 따라서 자신만의 길을 가라!'라는 현대 사회에서 가장 유행하는 담론을 맹목적으로 따른다면 그 자체로 내면의 진실을 외면하는 모순을 초래할 수 있습니다.

뇌과학적 관점에서도 인간의 자아의식은 단순히 개인의 독립성을 추구하기 위해 형성된 것이 아닙니다. 오히려 우리가 속한 집단에 적응하고 '사회적인 삶'을 효과적으로 살아갈 수 있도록 돕는 복잡한 메커니즘입니다. 이는 '나다움'이라는 개념 자체가 사회적 맥락을 떠나서는 존재할 수 없음을 시사합니다.

뇌과학이 말하는 '자아'의 실체

신경과학 연구에 따르면, 거울에 비친 자신의 모습을 '인식'하는 것과 자신에 대해 개념적으로 '성찰'하는 것은 전혀 다른 신경회로를 통해 이루어집니다. 실제로 돌고래나 침팬지, 코끼리 같은 동물들도 거울을 통해 보이는 자신의 모습을 '인식'할 수는 있지만, 인간처럼 자신이 누구인지에 대해 '성찰'할 수는 없습니다. '자기인식'과 '자기성찰'은 다른 것입니다.

인간만이 가능한 자기성찰에 관여하는 뇌 부위는 내측 전전두피질입니다. 연구에 따르면, 이 부위는 주변 사람들이 나를 어떻게 생각하는지에 대한 나의 평가를 반영하는 기능을 수행합니다. 또한 외부 세계의 가치와 신념을 우리 자신의 것으로 내면화하는 역할도 담당합니다. 즉 인간의 자기*self*는 집단과 동떨어진 채 지극히 개인적인 만족을 위해 작동하는 요새 같은 게 아니라, 동시대를 살아가는 사회 구성원들 사이에서 바람직하다고 여겨지는 가치와 신념을 내면화하여 공유하고 확산시키는 메커니즘으로 작용합니다.

여러분의 시간은 한정되어 있습니다. 다른 사람의 삶을 사느라 인생을 낭비하지 마십시오. 타인의 생각의 결과물에 불과한 도그마에 빠지지 마십시오. 타인의 견해가 여러분 내면의 목소리를 삼키지 못하게 하세요. 가장 중요한 것은 여러분의 가슴과 직관을 따르는 용기를 내는 것입니다. 이미 여러분의 가슴과 영감은 여러분이 되고자 하는 바를 알고 있습니다. 그 외의 모든 것은 부차적인 것이죠.

스티브 잡스가 2005년 스탠퍼드대학교 졸업식에서 한 유명한 연설이죠. 그런데 타인의 견해가 내면의 목소리를 삼키지 못하게 하고 가슴과 직관을 따르는 용기를 내라는 잡스의 신념 역시 어느 날 하늘에서 뚝 떨어진 게 아닙니다. 랄프 왈도 에머슨, 헨리 데이비드 소로, 프리드리히 니체, 칼 구스타프 융 같은 옛 거장들의 사상, 더 나아가 고대의 도가 철학과 스토아 철학이 전한 통찰과도 공통분모가 있다는 점을 기억할 필요가 있습니다. 이렇듯 우리 자신이 옹호하는 개인적인 신념들은 진공 상태에서 생성되는 게 아니라, 외부에서 씨앗이 유입되어 싹이 튼 경우가 대부분입니다. 만약 우주에서 홀로 탄생하여 살아가는 유일무이한 신적 존재가 있다면, 그는 어쩌면 외부의 영향력으로부터 완전히 자유로운 상태에서 순수한 내면의 목소리를 들을 수 있을지도 모릅니다. 하지만 죽을 때까지 평생 사회적 환경 속에서 숨 쉬며 살아가는 우리는 그럴 수 없습니다.

외부의 영향력을 인정하고 내 마음의 방향을 탐색하기

내면의 목소리를 잘 듣기 위해서는 '그 목소리가 내 것이라는 생각' 자체가 나의 착각일 수 있음을 알아차려야 합니다. 외부에서 주입된 메시지가 단순히 좋으냐 나쁘냐를 평가하라는 의미는 아닙니다. 다만 아주 어릴 때부터 나를 둘러싼 여러 집단의식이 이미 내 안에 내면화되었다는 사실을 인지하는 것이 중요합니다.

그다음으로 할 일은 내 마음의 방향을 정해보는 것입니다. 내가 아무리 좋아하고 존경하는 사람의 말이라 할지라도 언제나 진실은 아닙니다. 그들 역시 신이 아닌 인간이기에 얼마든지 틀릴 수 있습니다. 나 자신이 외부의 영향을 받는다는 사실 자체는 인정하되 그런 영향에 맹목적으로 휘둘리는 일은 경계해야 합니다.

이를 위해서는 외부에 존재하는 다양한 관점을 꼼꼼히 살펴보면서 내 마음이 어느 쪽으로 더 강하게 이끌리는지 천천히 탐색해 봐야 합니다. 이성과 감성이 조화롭게 작용하는 이런 과정은 결국 나만의 고유한 취향을 발견해가는 여정입니다.

예를 들어 볼까요. 스티브 잡스가 남긴 "다른 사람의 삶을 사느라 인생을 낭비하지 마라"라는 명언은 현재 자기계발에 한창 관심이 많은 사람에게는 매력적으로 다가올 것 같습니다. 한편, 위대한 물리학자 아인슈타인은 "오직 다른 사람을 위해 산 삶만이 가치 있는 인생이다*Only a life lived for others is a life worth while*"라는 말을 남겼습니다. 아인슈타인의 말은 하버드 의과대학에서 진행 중인 세계 최장기 행복 종단 연구 내용과도 일치합니다. 하버드 의대의 연구 참가자들을 분석한 결과, 관심의 초점을 자기 내면에서 외부 세계로 확장시킨 사람들이 가장 높은 행복감과 삶의 만족도를 보였습니다. 행복하게 살고 싶다면, 궁극적으로 '나 자신을 위해 무엇을 할 수 있을까?'라는 질문을 '나 이외의 세상을 위해 무엇을 할 수 있을까?'로 바꿀 필요가 있다는 것이 하버드 연구진의 결론입니다.

잡스와 아인슈타인, 두 사람 모두 자신의 분야에서 천재적인 업적을 남겼지만 흥미롭게도 상반된 맥락의 메시지를 전하고 있습니다. 이 중 어느 하나가 절대적으로 옳거나 그르다고 할 수는 없을 겁니다. 메시지를 수신하는 사람들의 상황과 맥락이 저마다 다를 테니까요.

그렇다면 내 취향과 생각은 어느 쪽에 더 가까운가요? 잡스의 조언을 따라 자신이 진정으로 원하는 일에만 몰두해보는 것도 좋고, 아인슈타인의 말처럼 타인을 위한 이타적인 삶을 살아보는 것도 좋습니다. 그러나 적어도 잡스 같은 유명인이 다른 사람의 삶을 사느라 인생을 낭비하지 말라는 말을 했다고 해서 그 말을 아무런 의심 없이 덜컥 믿고 따르는 건 나다운 태도와는 거리가 멀 수 있음을 알아야 합니다. 진정으로 자기답게 살고 싶다면 그러한 무비판적 행동이 누군가의 그럴싸한 격언에 휘둘리는 것일 수 있다는 자기인식이 필요합니다. 지금 당장 모든 답을 확정 지을 필요는 없지만, 저라면 저의 지성을 믿고 스스로의 삶을 지휘하는 선택을 한번은 해보겠습니다. 다양한 경험을 통해 내 마음이 어느 쪽으로 공명하는지 느긋하게 귀를 기울여 보고 싶습니다.

나에게서 거리 두기를 해야 하는 이유

내면의 목소리를 잘 듣기 위해 불필요한 외부 소음을 차단하고 홀로 사색에 잠기는 시간을 갖는 것도 분명 중요합니다. 하지만 그것만으로는 충분하지 않을 수 있습니다. 본질적으로 사회적 동물인 인간은 때로는 타인의 눈을 통해 자신을 더욱 깊이 이해할 때도 있기 때문입니다.

스위스의 철학자이자 소설가인 페터 비에리도 《자기 결정》에서 우리 자신이 두 눈을 감고 정신을 한데로 모으기만 한다고 해서 얻어지는 것은 없다고 말합니다. 우리의 사고와 감정, 소망이 펼쳐지는 세계는 고치 속에 갇힌 듯 홀로 존재하는 영역이 아니기에, 시선이 외부로 향하지 않으면 온전히 이해할 수 없기 때문이라고 합니다. 그는 자물쇠를 굳게 잠근 자신의 내부 세계 안에서 자기 인식을 찾아 나서는 것은 오류일 수 있음을 지적합니다. 일각에서는 타인의 시선을 무조건 무시하라고 주장하지만, 그런 태도가 꼭 정답은 아닙니다. 비에리가 말했듯이, 자기기만에 매우 취약한 우리의 자아상을 교정해주는 역할을 담당하는 건 바로 타인의 시선일 수 있으니까요. 과학계의 칼 세이건이라 불리는 데이비드 이글먼도 성찰의 한계를 이야기한 바 있습니다. 그는 《무의식은 어떻게 나를 설계하는가》에서 내면의 우주를 탐구하다 보면 우리가 처음에 자신을 아는 것에 대해 갖고 있던 단순하고 직관적인 관념이 얼마나 어리석은지 확실히 깨닫게 된다고 말합니다. 이글먼은 자신을 알기 위해서는 내면작업(성찰)뿐 아니라 외부작업(과학)도 많이 필요하다고 강조했습니다.

진정으로 나답게 살고 싶다면 자아 탐색의 이런 다면성을 인식하는 것이 중요합니다. 우리의 생각과 감정이 순수하게 내 것이 아닐 수 있다는 사실을 받아들이고, 외부 영향과 내적 성찰 사이의 섬세한 균형을 찾아가는 과정이 필요합니다.

내면의 진실한 목소리를 듣고 싶은가요? 그렇다면 역설적이게도 '나'에게만 집착하고 매몰되는 우를 범하지 말아야 합니다. 오히려 자기 자신과는 약간의 거리를 두고 외부와의 소통과 교감에 주의를 기울이는 지혜가 필요합니다. 어떤 대상을 제대로 바라보려면 코앞에서 들여다보는 게 아니라 일정 거리를 두어야 합니다. 마찬가지로 자기 자신과 심리적 거리를 유지할 때 비로소 스스로를 입체적으로 바라보고 깊이 이해할 수 있습니다. 이것이 바로 '3인칭 시점'에서 자신을 바라봐야 하는 이유이기도 합니다.

3인칭의
필요성

영화나 드라마에는 자기를 3인칭으로 부르는 등장인물이 종종 나옵니다. 영화 〈말아톤〉의 주인공은 스무 살 청년이지만 정신연령은 다섯 살 수준의 자폐 스펙트럼 장애를 가졌는데, 자신을 "초원이는~"이라고 부릅니다. 마블 시네마틱 유니버스의 대표 캐릭터 중 하나인 헐크도 자신을 '나'라고 하지 않고 '헐크'라는 이름으로 부릅니다.

헐크처럼 어린 시절에 자신을 3인칭으로 칭한 경험이 누구나 한 번쯤 있을 겁니다. 다만 대부분의 사람은 어른이 된 이후 스스로를 3인칭으로 부르는 일을 거의 하지 않는데요. 유치해 보인다는 인식 때문입니다.

그런데 흥미롭게도 이 '3인칭화'가 감정 조절에 긍정적인 효과를 준다는 심리학적 연구 결과가 있습니다. 예를 들어 직장 상사나 동료와 충돌이 생겼을 때, "내가 왜 이렇게 화가 날까?"라고 하는 대신 "○○이는 지금 무엇 때문에 화가 났을까?"라는 식으로 3인칭화해서 글을 쓸 때 좀 더 차분한 대처가 가능하다는 겁니다.

타인의 시각에서 객관적으로 자기 자신을 바라보는 것의 이점

감정 조절을 전문으로 연구하는 미국의 심리학자 에단 크로스의 연구 결과는 글쓰기를 통해 자신의 감정을 조절하고 마음을 다스리는 데 있어서 시점의 중요성을 잘 보여줍니다. 그는 실험 참가자들을 두 그룹으로 나누어 한 그룹은 자신을 1인칭 시점에서 바라보며 글을 쓰게 하고, 다른 그룹은 마치 타인인 것처럼 3인칭 대명사나 본인 이름으로 지칭하며 글을 쓰게 했습니다. 그 결과, 3인칭 시점을 사용한 참가자들은 1인칭 시점을 사용한 참가자들에 비해 부정적인 감정을 더 효과적으로 조절할 수 있었고, 스트레스 상황을 더 건설적으로 해석할 수 있었습니다.

록밴드 넬은 이별 후의 감정을 담은 〈3인칭의 필요성〉이라는 곡에서, 헤어진 후에야 비로소 '우리'의 모습이 보인다고 노래합니다. 이는 이별 후 자신과 상대방, 그리고 함께했던 시간을 객관적으로 바라볼 수 있게 되었음을 의미합니다. 비록 노래는 이별이라는 슬픈 상황을 다루고 있지만, '3인칭의 필요성'이라는 제목이 시사하듯 객관적 시각에서 자신을 바라보는 것의 중요성을 보여주고 있습니다.

실패나 좌절, 실망 같은 부정적인 감정을 느꼈을 때 이 감정에서 빠르게 벗어나려면 자기 자신과 거리를 두고 제3자의 관점에서 스스로를 바라볼 수 있어야 합니다. 이때 '나'를 쓰지 말고 '그'나 '그녀' 또는 자기 이름을 주어로 글을 쓰거나 말을 하면 도움이 됩니다. 핵심은 마치 타인을 보듯이 자기 자신을 객관화해 보는 것인데요. 내가 지금 이 순간 느끼는 괴로운 감정에 매몰돼버리는 것이 아니라 한 발짝 물러나서 바라봐야 합니다.

타인의 시각에서 객관적으로 자기 자신을 바라보는 것은 감정을 조절하고 자아 인식을 높임으로써 자연스럽게 자기 자신과 건강한 관계를 맺는 데 도움이 됩니다. 더 나아가 인간관계에도 긍정적인 기능을 합니다. 자기 자신과 현재 상황을 최대한 객관적으로 볼 수 있는 사람은 타인을 볼 때도 균형 잡힌 시각을 유지할 수 있습니다. 자기중심적인 관점에만 매몰되지 않고, 타인의 입장에서 생각할 수 있는 인지적 공감 능력이 강화되었기 때문입니다. 덕분에 누군가와 갈등이 생겼을 때 감정에 휩싸여 즉각적으로 반응하기보다는 제3자의 관점에서 상황을 바라보며 더 차분하게 대응할 수 있습니다.

객관적 자기 인식이 인간관계에 미치는 긍정적 영향

심리학자 대니얼 골먼은 《EQ 감성지능》에서 자기 인식 능력이 높은 사람들이 대인관계에서도 더 효과적으로 기능한다고 주장했습니다. 자신의 감정을 잘 이해하고 조절할 수 있는 사람들은 타인의 감정에도 공감하고 배려할 수 있는 능력이 높다는 것이죠.

또 다른 연구에 따르면, 자기 자신의 내면을 객관적으로 들여다보는 데 능숙한 사람들은 타인의 입장에서 생각하고 공감하는 인지적 공감 능력이 뛰어났습니다. 자신의 감정과 사고를 유연하게 바라볼 수 있는 사람일수록 타인의 관점에서 세상을 바라보는 데 더 개방적이고 유연했던 것입니다.

이렇게 객관적인 자기 인식은 대인관계능력 향상에 기여합니다. 자신을 객관화할 수 있는 사람들은 자신은 물론 타인의 입장까지 공감하고 배려할 수 있는 인지적·정서적 유연성을 갖추고 있습니다. 이를 통해 원활한 소통과 협력이 가능해지고, 궁극적으로는 더욱 건강하고 성숙한 대인관계를 맺을 수 있게 됩니다.

일상에서 3인칭 시점을 활용하는 방법

일상에서 스트레스를 받거나 상처받은 일이 있다면, 자기 자신을 3인칭 시점에서 바라보며 글을 쓰는 연습을 하면 좋습니다. 예를 들어 이름이 '수지'라면 "수지는 오늘 친한 친구와 다퉜다. 그녀는 지금 속상하고 혼란스러워한다"처럼 자기 이름을 넣어 서술합니다. 처음에는 어색하고 유치하다고 느낄 수 있습니다. 하지만 이런 식으로 자신의 감정을 한 발 떨어져 바라보며 글로 풀어내면, 불편한 감정이 누그러지고 마음의 평온을 되찾는 데 도움을 받을 수 있습니다.

나와 다른 관점을 지닌
사람들을 곁에 두어야 하는 이유

유튜브 홈 화면에는 제 취향과 성향이 실시간으로 드러납니다. 가끔은 알고리즘에 구속된 듯한 기분이 들어서 갑갑할 때가 있는데요. 그럴 땐 일부러 시크릿 모드를 사용합니다. 시크릿 모드로 접속하면 한 번도 구독한 적이 없는 낯선 채널을 포함하여 새로운 영상이 무작위로 홈 화면에 뜹니다. 몇 번 새로고침을 하다 보면 운 좋게 유익한 영상을 발견할 때도 있습니다.

추천 알고리즘의 영향에서 벗어나기 위해 시크릿 모드를 사용하듯이, 현실의 인간관계에서도 일부러 다른 성향의 사람들과 어울리려고 시도할 때가 있습니다. 항상 '끼리끼리' 어울리게 하는 유사성의 알고리즘에서 의도적으로 벗어나기 위해서입니다.

뜻밖의 기회를 찾는 법

인간은 관심사나 취향, 성향 등이 비슷한 사람들과 어울리려는 동종선호*homophily* 경향이 있지만, 때로는 익숙한 영역을 벗어나 낯선 영역에 도전하는 자세가 필요한 이유가 있습니다.

항상 끼리끼리 어울리려는 태도만 고수하다 보면, 세런디피티*serendipity* 같은 뜻밖의 기회를 잃을 가능성이 있습니다. 낯선 영역으로의 도전은 때로는 우리 안의 숨겨진 재능과 열정을 깨우는 촉매제가 되기도 합니다. 평범한 이공계 학생이 우연히 들은 심리학 강의를 통해 새로운 지적 영감을 얻거나, 철학 전공자가 음악에 매료되어 전혀 다른 커리어를 시작하는 것처럼 예상치 못한 낯선 분야와의 만남은 인생의 전환점이 될 때가 있죠.

또한 '끼리끼리'만 선호하다 보면 현명한 판단을 내리지 못하는 결과를 초래할 수도 있습니다. 주변에 온통 나와 같은 생각을 하는 사람들로만 가득하다면 내 세계관과 다른 의견을 듣게 될 가능성은 자연스럽게 줄어듭니다. 예를 들어 만약 내 주변에 온통 직장인들만 있다면 직장인의 삶을 사는 것만이 유일한 정답이라고 느껴지지 않을까요? 회사를 나와서 다른 일을 하면서도 얼마든지 즐겁게 잘 살 수 있다는 생각을 하기 어렵겠지요. 반대로, 내 주변에 유튜브 크리에이터 같은 프리랜서들만 가득하다면 회사를 다니면서도 재미와 의미가 있는 삶을 살 수 있다고 생각하기 어려울 수 있겠죠. 이처럼 나와 다른 새로운 의견을 접할 기회가 적은 폐쇄된 네트워크 속에서 우리는 특정 관점에만 치우친 의견을 반복적으로 공유하고 그 관점을 과도하게 확신할 가능성이 있습니다.

연구에 따르면, 아직 일어나지 않은 미래의 일을 잘 예측하기 위해서는 한쪽으로 편향된 의견이 아닌 다양한 의견을 듣는 것이 중요합니다. 다양한 의견을 들을 수 있는 개방된 네트워크를 구축한 사람들은 미래에 일어날 사건을 예측하는 데 더 높은 정확도를 보여주었다는 연구 결과도 있습니다. 불확실한 상황을 예측하는 데 있어서는 여러 의견을 수렴하여 사고하는 태도가 그만큼 중요합니다.

결이 다른 관계를 통해
우연성과 다양성을 추구하기

관계에서 유사성을 선호하는 것이 인간의 타고난 본능일 수는 있습니다. 하지만 그런 태도만 바람직하게 여기는 것은, 어떤 것이 자연적이라는 이유만으로 그것이 옳다고 주장하는 자연주의적 오류*naturalistic fallacy*라고 할 수 있습니다. 동종선호가 자연스러운 건 사실일 수 있으나 그게 반드시 옳은 건 아닐 수 있다는 이야기입니다.

따라서 본능을 거슬러 관계에서의 우연성과 다양성을 추구하는 용기가 필요합니다. 기존의 믿음을 재확인시켜주는 익숙한 관계에서 잠시 벗어나보는 겁니다. 나와 결이 조금 다르더라도 그 사람과의 만남이 어떤 영감과 성장의 기회를 마련해줄지도 모릅니다. 혹시 아나요? 세런디피티처럼 인생의 귀인을 만나게 될지요.

미국의 사회학자 마크 그래노베터는 〈약한 유대 관계의 힘〉이라는 유명한 논문에서 흥미로운 사실을 발표했습니다. 우리가 혼자 힘으로 찾아내지 못할 좋은 기회에 관한 정보는 의외로 가까운 관계보다 '느슨한 관계'를 통해 얻는다는 것입니다. 할인 행사나 재미있는 영화에 관한 정보뿐 아니라 생존과 직결된 구직 기회도 낯선 사람의 친절 덕분에 얻은 경우가 많았습니다. 이런 느슨한 관계의 힘은 의외로 나와 결이 다른 사람들과의 만남에서 은은한 빛을 발하기도 합니다.

급변하는 현대 사회에서 균형 잡힌 시각을 유지하고 지속적인 성장을 이어가려면 다양한 관점을 접할 수 있는 열린 네트워크를 구축하는 것이 중요합니다. 나와 생각이 다르다고 해서 무조건 배척하는 건 오히려 나에게 이로운 행동이 아닐 수도 있죠. 그래서 저는 단순히 정치색이나 종교색이 다르다는 이유로 누군가를 멀리하지 않습니다. 상대방이 저를 존중하지 않고 너무 독선적인 주장을 하는 경우가 아니라면, 상대의 가치관이 저와 다를 때 오히려 더 흥미롭게 이야기를 듣는 편입니다.

우리는 각자 고유한 경험과 통찰을 바탕으로 세상을 바라보기에 같은 현상도 다르게 해석할 수 있습니다. 따라서 누군가가 나와 다르다고 해서 배타적인 태도를 취하기보다는 서로의 관점을 이해하고 존중하려는 자세가 필요합니다.

내가 편향된 판단을 하여 사고의 함정에 빠질 위기에 놓였을 때, 내가 미처 보지 못하는 사각지대를 볼 수 있고 새로운 시각을 제시하는 사려 깊은 사람들이 곁에 있는 것이 좋습니다. 그런 진실한 조언자는 나와 다른 관점으로 세상을 바라볼 수 있되, 함께 걸어가는 든든한 동료이자 지혜로운 친구입니다.

인맥보다 실력이다?
사회적 성공에 대한 오해와 진실

한국 사람들은 '인맥'에 양가감정이 있습니다. 누구나 좋은 인맥을 원하면서도 이를 노골적으로 드러내는 태도는 다소 꺼리는 분위기가 있죠. 언제부턴가 일부 성공한 연예인과 유명인들도 대중매체에서 인맥보다는 실력이 훨씬 중요하다는 말을 자주 합니다. '성공의 열쇠는 인맥이 아닌 실력에 있으며, 실력을 갈고닦는 것이 우선이다. 실력이 충분하면 인맥은 자연스레 따라온다'는 인식이 생겨난 것이죠. 이런 주장이 전적으로 틀린 건 아닙니다. 마케팅이 평균 이상으로 잘됐다는 전제하에 뛰어난 실력을 갖추면 주변에 협력하고 싶어 하는 사람들이 늘어날 가능성도 높아지기 때문입니다.

하지만 과연 '인맥'과 '실력'을 흑과 백으로 나누는 게 의미가 있을까요? 새로운 관계를 맺고 협력할 수 있는 능력, 즉 인맥을 만드는 일 자체가 사회 지능*social intelligence*을 요구합니다. 직업이나 분야에 따라 차이는 있겠지만, 인맥과 실력은 명확히 구분할 수 있는 개념이 아닙니다.

인맥과 실력은 이분법으로 나뉘기보다는 서로 밀접하게 연관되어 상호작용하는 개념입니다. 실력 향상을 위해서 인간관계를 차단하고 고립을 자초할 필요는 없습니다. 실력을 키워야 하는 사람들에게도 좋은 관계를 맺고 유지하는 능력 역시 중요합니다. '인맥보다 실력이 더 중요하다'는 말은 자신을 갉아먹으면서까지 인맥 관리에 과도하게 집착하지 말라는 의미이지, 좋은 인간관계 구축 자체를 부정하거나 등한시해도 된다는 게 아닙니다. 사회적 네트워크를 너무 소홀히 하면 도리어 성공으로 가는 길에서 멀어질 수 있습니다.

사람들이 인맥보다 실력이 중요하다고 강조하는 이유

그럼 왜 한국에서는 사회적으로 성공한 사람들이 인맥보다 실력이 중요하다는 말을 강조하는 걸까요? 이 말에 내재된 세 가지 심리를 추론해 볼 수 있습니다.

첫째, 대중이 듣고 싶어 하는 위로의 말이기 때문입니다. 알프레드 아들러는 인간의 고민은 인간관계에서 비롯된다고 말했습니다. 인간관계는 우리의 영원한 난제입니다. 평범한 일반인 중에서 '나는 사회적으로 성공하는 데 필요한 인맥이 이미 충분하다'고 확신하는 사람이 얼마나 될까요? 아마 많지 않을 겁니다. 실력은 혼자 열심히 노력하면 쌓을 수 있을 것도 같은데, 인맥은 쌍방의 관계라서 나 혼자 노력한다고 쉽게 되는 건 아닙니다. 관계를 맺고 신뢰를 쌓는 일은 농사를 짓는 것처럼 충분한 시간이 필요합니다. 씨앗을 뿌린다고 해서 내가 원하는 인맥을 반드시 수확한다는 보장도 없습니다. 내가 통제할 수 없는 변수들이 나를 둘러싼 관계에 항상 영향을 주고 있기 때문입니다. 이런 상황에서 "인맥보다 실력이 중요하다!", "인맥 쌓을 시간에 실력을 쌓아라!"라는 말은 인간관계 때문에 고민하는 사람들에게 적잖은 위안이 됩니다.

둘째, 인맥보다 실력이 중요하다고 주장하는 심리적 기저에는 능력주의적 세계관이 자리 잡고 있습니다. '능력주의'란 영국의 사회학자 마이클 영이 처음 사용한 용어인데요. 타고난 신분이나 계급이 아닌, 오로지 개인의 능력에 따라 부와 명예, 권력 같은 사회적 성취가 분배되어야 한다는 이념입니다. 영에 따르면, 능력주의는 지능과 노력이라는 두 가지 요소로 이뤄집니다. 타고난 재능과 후천적 노력의 합으로 능력이 표출된다고 보는 것이죠.

능력주의는 '누구나 노력하면 성공할 수 있다'는 노력주의로 변질되기 쉽습니다. 능력주의적 세계관 아래 노력주의는 공정성과 기회의 평등이라는 핵심 가치를 발판 삼아 정당성을 확보하려 하지만, 현실과는 다소 괴리가 있죠. 애초에 능력주의의 한 축을 담당하는 지능(재능)도 타고난 운의 영역에 가까우니, 공정성 운운하는 것 자체가 모순일 수 있습니다.

능력주의적 관점에서 종종 인맥이 공정하지 않다고 간주되는 이유는 개인의 배경이나 태생적 특권과 연관된다는 인식 때문입니다. 인맥 형성에 비해 실력은 스펙이나 수치화된 성과를 통해 상대적으로 쉽게 파악할 수 있죠. 즉 인맥보다 실력이 중요하다고 지나치게 강조하는 심리는 인간관계에서 오는 불확실성과 심리적 부담감을 덜어내는 동시에, 능력주의 세계관 아래에서 문제를 쉽게 해결하고 싶은 욕구가 반영된 결과라고 할 수 있습니다.

셋째, 성공한 사람들이 인맥보다 실력이 중요하다는 말을 강조하는 건 그들이 스스로를 더 유능한 존재로 여기고 싶어 하는 욕구 때문일 수 있습니다. 심리학에서 말하는 자기 위주 편향(self-serving bias)에 따르면, 사람들은 자신의 성공은 내부 요인(노력, 실력)에 귀인하고, 실패나 어려움은 외부 요인(운, 타인)에 귀인하는 경향이 있습니다. 이런 편향으로 인해, 성공한 사람들은 자신의 성공 요인을 회고할 때 인맥의 역할을 과소평가하고 개인의 실력과 노력을 과대평가할 가능성이 있습니다. 자신이 실력도 없으면서 속칭 '빽'으로 성공한 게 아니라, 오로지 실력 하나로 떳떳하게 성공했다고 믿고 싶어 하는 심리가 반영된 것이죠.

그런데 당사자는 기억하지 못하거나 인정하지 않을 수 있지만, 성공한 그들도 과거에 좋은 인맥을 쌓기 위해 부단히 노력했던 시절이 틀림없이 존재했을 겁니다. 좋은 인맥을 형성하려는 과거 자신의 노력과 경험이 현재의 성공에 기여했음에도 자기 위주 편향으로 인해 이를 간과하는 거죠.

실제로 애플의 공동 창업자 스티브 잡스는 자신의 전기《스티브 잡스》에서 '열정과 창의성'을 성공의 핵심 요소로 강조했지만, 그의 동료들은 잡스의 네트워킹 능력이 애플의 초기 성공에 중요한 역할을 했다고 증언합니다. 이런 인식의 왜곡은 때로는 극단적인 형태로 나타나기도 합니다. 힐튼 호텔 상속녀 패리스 힐튼이 자신을 '자수성가한 사업가'라고 하는 것처럼 말입니다. 그녀의 말은 단순한 허세나 거짓말이 아닐 겁니다. 진심으로 그렇게 믿고 있을 가능성이 높습니다.

마찬가지로 인맥보다 실력의 중요성을 강조하는 성공한 사람들 역시 패리스 힐튼처럼 자신의 성공 과정을 객관적으로 돌아보지 못했을 가능성이 있습니다. 즉 현재의 성공에 이르기까지 인맥을 통해 얻은 기회와 도움을 망각하고, 오직 자신의 실력과 노력만을 성공의 요인으로 믿게 된 것일 수 있다는 뜻입니다. 이런 현상에 대해 하버드대학교 의과대학 교수인 조지 베일런트는 나비가 된 애벌레는 자기가 처음부터 작은 나비였다고 주장한다는 통찰력 있는 비유를 제시합니다. 아울러 성숙이란 과정이 모든 사람을 거짓말쟁이로 만들어버린다고 말합니다.

탁월한 역량으로 성공한 사람들의 경력을 자세히 살펴보면, 과거에 인맥 형성에 상당한 노력을 기울였음을 알 수 있습니다. 마이크로소프트의 공동 창업자 빌 게이츠는 하버드 재학 시절 폴 앨런과 함께 컴퓨터 프로젝트를 진행하며 인맥을 유지했습니다. 마크 저커버그도 대학 시절 다양한 프로젝트에 참여하며 폭넓은 인맥을 형성했는데요. 이는 훗날 페이스북의 초기 팀을 구성하는 데 큰 도움이 되었습니다. 2017년 링크드인에서 실시한 조사에 따르면, 성공한 전문가의 80%가 네트워킹이 자신의 경력 성공에 중요한 역할을 했다고 응답했는데요. 성공한 사람들도 인맥 형성에 상당한 노력을 기울였음을 보여주는 증거입니다.

세계적인 과학자가 밝힌 '성공의 공식'

한국에서는 유독 인맥과 네트워킹에 양가감정을 드러내는 경향이 있지만, 미국 문화에서는 '실력'과 '인간관계(네트워크)'가 밀접하게 얽혀 있습니다. 미국의 기업 문화, 특히 실리콘밸리의 기업 문화에서 인맥과 대인관계 능력은 중요한 요소입니다.

실리콘밸리에서 일하는 어느 한국인은 실리콘밸리 문화를 잘 몰랐을 때는 똑똑한 사람이 성공한다고 생각했지만, 막상 그렇지 않다는 걸 뼈저리게 깨달았다고 고백합니다. 똑똑하다고 생각한 지인을 본인이 일하는 팀에 추천했지만, 입사 제안을 받지 못했다고 합니다. 나중에 그 이유를 직접 물어보니 지인의 평판을 따로 조사했다는 겁니다. 주변 사람들에게 어떠냐고 물어봤는데, 대부분 "나는 잘 모르는 사람이다", "예전에 같이 일하긴 했는데 친해지지 못했다"라는 이야기를 들었다는 거죠. 이런 이유로 똑똑한 사람이지만 입사 제안을 하지 않았다고 합니다. 확실히 미국에서는 네트워킹 능력이 개인의 실력과 역량으로 평가되는 경향이 더 강합니다. 링크드인과 같은 전문적인 네트워킹 플랫폼의 활용도가 높고, 네트워킹 이벤트나 컨퍼런스 참여가 경력 개발의 필수 요소로 여겨지고 있습니다.

복잡계 네트워크 이론의 창시자이자 세계적인 과학자 앨버트 라슬로 바라바시는 《성공의 공식 포뮬러》에서 '성과'와 '성공'의 개념을 분리해서 설명합니다. 성과는 개인이 기술을 연마하고 연습해서 향상시킬 수 있고 스스로 어느 정도 통제 가능합니다. 반면, 성공은 다른 사람들이 개인의 성과에 어떻게 반응하는지를 측정하는 집단적 척도입니다. 따라서 누군가의 사회적 성공을 측정하려면 성과만 봐서는 안 되고, 그가 공동체에 기여한 바에 대해 그 공동체가 어떻게 화답하는지를 함께 고려해야 한다는 것입니다.

바라바시는 연구를 통해 성과는 성공의 촉매제이지만, 성과를 가늠하기 어려울 때는 사회적 연결망이 성공을 견인한다는 사실을 밝혀냈습니다. 처음에 서로 비슷한 실력을 갖춘 두 예술가의 삶을 살펴본 결과, 한 사람은 몇 년 만에 상업적으로 크게 성공한 예술가가 되었지만, 다른 한 명은 여전히 언더그라운드에서 힘들게 활동하는 예술가로 살아갔는데요. 그 원인이 바로 인맥의 차이였다고 합니다.

하버드대학교에서 행복학을 강의했던 숀 아처는 사회적 관계가 하버드생들의 개인적·학문적 성공 가능성과 가장 밀접한 관련이 있다는 사실을 확인했습니다. 아처에 따르면, 우리가 다른 사람의 성공을 도울 때 자신의 성공 가능성을 억누르고 있는 유리 천장도 동시에 들어 올리게 되는데, 하버드생들도 예외는 아니었습니다. 그는 《빅 포텐셜》에서 하버드에서 성공을 좌우하는 건 개인의 특질이 아니라, 동료들과 조화롭게 어울릴 수 있는 능력이라고 말합니다.

미국의 물리학자 브라이언 키팅은 노벨물리학상을 수상한 세계 최고의 물리학자들을 인터뷰하고 그들의 메시지를 담아 《물리학자는 두뇌를 믿지 않는다》라는 책으로 펴냈습니다. 일반인들의 고정관념 속에는 천재 물리학자라고 하면 인간관계에 서툰

괴짜 느낌이 있을 텐데요. 오히려 물리학 분야에서 세계 최정상에 있는 물리학자들은 적절한 소통 능력과 지도력의 중요성을 누구보다 잘 알고 있었다고 합니다. 이는 비즈니스 영역뿐만 아니라, 물리학 같은 순수학문을 하는 데도 사회적 기술은 매우 중요하다는 의미입니다.

성공의 정의는 사람마다 다르겠지만, 만일 사회적 성공을 원한다면 실력을 쌓는 동시에 사회적 네트워크 구축에도 공을 들여야 합니다. 인간관계를 등한시한 채 오직 내 실력만 쌓겠다고 생각하는 건 현명한 태도가 아닙니다. 어느 시대나 그랬듯이, 좋은 인간관계는 사회적 성공을 이루는 데 있어 중요한 역할을 합니다. 키팅은 사회적 기술은 모른다면 꼭 배워야 하는, 능력의 부수적인 요소가 아니라 본질이라고 말했습니다. 사회적인 성공을 원한다면 인맥과 실력이 별개라는 고정관념에 휘둘리지 마세요. 사회지능을 발휘하여 다른 사람들과 관계를 잘 맺고 협업할 수 있는 능력은 엄연한 '실력'이고 개인의 '덕'입니다.

내향인과 외향인은
행복의 스펙트럼이 다르다

"혹시 'E(외향)'세요? 'I(내향)'세요?"

MBTI가 크게 유행하면서 이 같은 대화를 주고받는 문화가 생긴 듯합니다. 사실 외향인과 내향인은 '0'과 '1'처럼 딱 떨어지는 개념은 아닙니다. 사람들은 외향적인 특성과 내향적인 특성을 모두 가지고 있는데, 그 비중이 사람마다 다를 뿐이죠.

수전 케인은 《콰이어트》에서 문화역사가 워런 서스먼의 말을 인용하며 20세기 초 미국 사회가 '인격*character*의 문화'에서 '성격*personality*의 문화'로 전환되었다고 설명합니다. 인격의 문화에서 중요하게 여겨졌던 것은 '대중에게 어떤 인상을 주느냐가 아니라 홀로 있을 때 어떻게 행동하느냐'였으나, 성격의 문화로 바꾸면서 타인이 나를 어떻게 바라보는지에 집중하기 시작했다고 합니다. 그 결과 미국인들은 너나 할 것 없이 '연기하는 사람'이 되어야 했다고 썼습니다.

외향성에 치우친 행복지수 측정 방식

이런 시대적 바통을 이어받아 20세기 초반에 인기를 끌었던 데일 카네기의《인간관계론》같은 자기계발서들은 사실상 '외향적인 세일즈맨'이 되는 기술을 가르치는 책이었습니다. 고귀한 인격과 내면의 가치를 찬미했던 이전 시대의 책들과는 결이 달랐죠. 성격의 문화가 도래하면서 차분하고 조용한 성격은 부정적으로 취급되는 반면, 사람들 앞에서 적극적으로 자신을 드러내며 홍보하는 성격은 더 긍정적으로 여기는 풍조가 강해졌습니다.

이처럼 외향적인 성격이 사회적으로 선호되는 현상과 더불어 외향적인 사람들이 내향적인 사람들보다 대체로 더 큰 행복감을 느낀다는 연구 결과가 종종 나왔습니다. 일반적으로 외향적인 사람들이 내향적인 사람들보다 '사람'이라는 강한 자극을 즐기는 경향이 있기 때문인데요. 일각에서는 내향인이 행복감을 높이기 위해서는 외향인의 성격 특성을 의도적으로 모방해야 한다고 주장하기도 합니다.

긍정심리학자 소냐 류보머스키의 연구에 따르면, 실험 참가자들이 '활발한 대화', '더 많은 사회적 상호작용', '자발적이고 독립적인 행동'과 같은 외향적인 행동 양식을 실천했을 때, 긍정적인 감정과 활력, 즐거움을 더 많이 경험한 것으로 나타났습니다. 하지만 이런 연구 결과를 내향적인 사람들에게 그대로 적용하는 데는 신중해야 합니다. 이런 연구는 내향적인 사람들이 외향성을 흉내 냈을 때 일시적인 쾌감 수준이 높아졌다는 것을 말해주기 때문입니다. 다시 말해, 내향인이 외향인처럼 행동하면 일시적으로는 활력감이나 즐거움을 느낄 수 있겠지만, 자신의 본질적 성향을 억누르는 데서 오는 정신적 피로감을 무시할 수 없습니다. 즉 장기적으로 볼 때 내향적인 사람들이 자신의 성향과 어긋나는 외향적인 행동을 지속하는 것은 오히려 스트레스를 가중시킬 수 있다는 뜻입니다.

아무리 다양성을 존중하는 문화가 자리를 잡아가고 있다 해도, 현대 서구 문화권과 그 영향력 아래 있는 우리 사회에서는 여전히 외향적인 성격을 선호하는 경향이 강합니다. 일반인들이 높게 평가하는 밝고 활달한 성격이란 사실상 외향적인 성격의 다른 표현인 경우가 많죠. 이런 편향으로 인해, 서구권 연구자들의 행복 측정 방식은 주로 외향적인 특성에 초점을 맞추고 있을 가능성이 있습니다. 사교성, 활동성, 자기표현, 자극 추구, 낙관성 등 외향성의 일반적인 특징을 높은 행복감의 지표로 간주하는 경향이 있을 수 있다는 이야기입니다.

반면, 내향성의 전형적인 특징이라 할 수 있는 평정심이나 평온함처럼 낮은 각성 상태의 긍정적인 감정은 행복의 기준에서 간과하는 경향이 있지만, 내향성이 강한 사람들에게는 평온함 역시 삶의 행복으로 다가옵니다. 현재의 행복지수 측정 방식은 내향적인 사람들의 행복을 온전히 포착하지 못할 가능성이 있습니다. 외향적인 사람과 내향적인 사람들이 느끼는 행복의 스펙트럼이 다를 가능성이 있다는 것이죠.

행복을 느끼는 다양한 방식

실제로 일부 학자들은 내향적인 사람들과 외향적인 사람들이 행복을 느끼는 방식이 다르다고 주장합니다. 신경과학 연구에 따르면, 외향적인 사람은 다른 사람을 만나거나 새로운 일을 할 때 뇌의 보상 회로가 더 활발히 반응합니다. 이는 많은 외향인이 끊임없이 외부 사람들을 만나고 다양한 활동을 추구하는 이유를 설명해줍니다. 외향인들에게 사람은 강력한 자극의 원천인 셈입니다. 일반적으로 강한 자극과 활력을 좇는 외향인의 행복 스펙트럼에는 폭넓은 사회적 교류, 활동성, 새로운 경험 추구 등의 요소가 강하게 나타납니다. 이들은 다양한 모임에 나가서 새로운 사람을 만나거나, 활동성이 강한 스포츠를 즐기는 경향이 있습니다.

그에 반해, 내향적인 사람은 과도한 자극에서 더 빨리 피로를 느끼고, 낮은 각성 상태에서 긍정적인 정서를 경험하는 경향이 있습니다. 물론 내향인들도 사람들과의 관계에서 에너지를 얻지만, 자극을 다루는 방법이 외향인들과 약간 다릅니다. 상대적으로 적은 자극을 선호하는 내향인의 행복 스펙트럼에는 자아 성찰, 깊고 안정적인 소수와의 관계, 평온함 등의 요소가 더 강하게 나타납니다. 이들은 수많은 사람과 어울리기보다는 가까운 친구 한 명과 느긋하게 대화를 나누거나 독서를 하는 등 고독한 시간을 보내면서도 충만감을 느낍니다.

이런 점을 고려할 때 외향인이 내향인보다 더 행복하다는 몇몇 연구 결과에는 외향성을 선호하는 문화적 편향이 반영되었을 가능성이 있죠. 외향적인 사람들은 유쾌함, 황홀감, 자부심 같은 높은 각성 정서를 더 자주 느끼는 반면, 내향적인 사람들은 안정감, 평온함 같은 낮은 각성 정서를 더 선호하며 자주 경험한다는 연구 결과도 있습니다. 내향인들이 외향인들보다 반드시 덜 행복하거나 불행한 것이 아니라, 단지 외향인들과 다른 방식으로 행복을 누릴 가능성이 있다는 겁니다.

물론 내향인들도 때로는 외향적인 활동을 통해 활력감이나 흥분감 같은 긍정적인 감정을 일시적으로 경험할 수 있겠죠. 하지만 이는 어디까지나 일시적인 쾌감일 뿐 지속적인 행복과는 다릅니다. 친구들과 즐거운 시간을 보내는 것도 스트레스 해소에 도움이 되겠지만, 내향적인 사람들의 지속적인 행복을 위해서는 외부 자극에서 벗어나 에너지를 충전할 수 있는 고요한 시간이 필요합니다.

행복을 추구할수록 멀어진다

행복에 대한 여러 연구 결과나 책을 살펴보는 것은 바람직하지만, 너무 획일적으로 기준을 강조하는 것은 역효과를 낳을 수 있습니다. 실제로 사람들이 행복을 매우 중요하게 여기도록 만들었더니, 도리어 행복감이 낮아졌다는 연구 결과도 있습니다. '나는 항상 행복해야 한다'는 강박이 심해질수록, 자신의 현재 행복 수준을 부정적으로 평가하여 삶의 만족도가 떨어지는 것입니다. 아이러니하게도 행복에 관한 연구가 사람들의 행복감을 높이는 데 기여하지 못하고, 오히려 사람들을 소외시키는 결과를 초래할 수 있는 것이죠.

우리는 모두 행복을 원하지만, 역설적이게도 지나치게 행복에 집착할수록 오히려 행복은 멀어질 수 있습니다. 19세기 미국의 소설가 나다니엘 호손은 "행복은 나비와 같다. 따라가려 하면 자꾸 손아귀를 벗어난다. 하지만 당신이 가만히 앉아 있으면 아마

당신 위에 살포시 앉을 것이다"라는 명언을 남겼습니다. 영국의 철학자 존 스튜어트 밀 역시 "행복을 얻는 유일한 방법은 행복을 인생의 목표로 삼지 않고 행복 이외의 뭔가를 목적으로 삼는 것이다"라고 했습니다. 20세기의 위대한 작가 조지 오웰도 "인생의 목적이 행복이라고 단정 짓지 말아야 행복할 수 있다"는 말을 남겼습니다.

행복을 유연하게 바라보는 관점이 필요하다

이제 행복을 바라보는 관점에도 유연한 변화가 필요해 보입니다. 어쩌면 지금까지 사람들은 진정한 행복을 측정했던 것이 아니라, 일시적 쾌감이나 행복하다는 언어 표현의 강도와 빈도를 측정했던 것인지도 모릅니다. 행복을 객관적으로 측정하기는 어려울 수 있을 겁니다. 그래서 심리학자들은 행복을 '주관적 안녕감'이라고 하기도 합니다.

외향성이 강한 사람들에게 행복과 즐거움은 거의 동의어일지 몰라도, 내향성이 강한 사람들에게는 즉각적인 즐거움을 넘어서는 평온한 만족감이야말로 진정한 행복에 가까울 수 있습니다.

실제로 학자들마다 행복에 대한 견해가 조금씩 엇갈리는데요.

《행복의 기원》의 저자인 연세대 서은국 교수가 말하는 행복이란 주관적으로 느끼는 신체적·정신적 즐거움의 총합입니다. 서은국 교수에 따르면, 행복은 인간의 의지로 조작할 수 있는 것이 아닙니다. '지금 기분이 좋아지자'라고 마음을 먹는다고 해서 실제로 기분이 좋아지는 것은 불가능하며, 만약 누군가가 이런 방식으로 행복감을 느낀다면 그 사람의 뇌는 고장 난 것이라고 주장합니다. 행복해지기 위해서는 나의 뇌가 언제 행복감을 느끼는지 파악하고, 그런 자극을 주는 상황에 자신을 의도적으로 놓아야 한다고 말합니다.

반면 《내면소통》의 저자인 연세대 김주환 교수는 보상 체계가 활성화되었을 때 느끼는 일시적인 쾌감은 가짜 행복이고, 전전두피질 네트워크가 활성화될 때 느끼는 심리적 안정과 깊은 만족감이 진짜 행복이라고 말합니다. 김주환 교수가 말하는 진정한 행복이란 '나는 오로지 만족만을 안다'는 오유지족吾唯知足입니다. 어떠한 상황에서도 무조건 행복해야 한다는 뜻이 아니라 어떠한 조건에도 의존하지 않는 행복, 즉 외부 조건에 흔들리지 않고 스스로 만족을 아는 것이야말로 유일한 진짜 행복이라는 것이지요. 이는 스토아 철학에서 말하는 것처럼, 재난 속에서도 행복Happiness in Disaster할 수 있다는 관점입니다. 나의 행복은 내부에서 결정되는 것이지 외부 조건에 의해 좌우되지 않는다, 어느 누구도 나를 행복하게 해줄 수 없고 불행하게 만들 수도 없다는 뜻입니다.

한편, 서울대 심리학과 최인철 교수는 행복에 대해 이런 견해를 보입니다. 고대 사회에서 행복은 노력해서 얻는 것이 아니라 운 좋게 주어지는 것으로 여겨졌습니다. 당시 사람들은 질병, 굶주림, 폭력과 전쟁, 자연재해와 같은 고통 속에서 운 좋게 죽지 않고 살아남는 것만으로도 행복하다고 생각했습니다. 영어의 'Happiness'는 '우연히 발생하다'는 뜻의 'happ'에서 비롯했는데요. 다른 국가의 언어에도 비슷한 어원을 발견할 수 있습니다. 이런 관점에서 보면 행복은 내가 노력해서 얻는 것과 운 좋게 내게 찾아오는 것이라는 두 가지 뜻이 있습니다. 현대인들은 행복을 반드시 얻어야만 하는 목표로 간주하는 경향이 강한데요. 이런 태도는 오히려 우리에게 부담스러운 숙제가 될 수 있으니, 이미 내게 주어진 행복을 발견하고 허락하는 것이 더 중요하다고 말합니다.

최인철 교수는《아주 보통의 행복》에서 행복에는 특별한 비법이 없다고 말합니다. 사교육이나 묘약처럼 말이죠. 그저 삶의 나날을 잘 살아가고, 매일 반복되는 일상의 사소한 것들에 온전히 몰입하는 삶이 곧 행복이라고 이야기합니다. 그는 행복하게 살고 싶다면서 하루를 대충 사는 건, 인류를 위한다고 하고서 정작 가까운 사람은 막 대하는 것처럼 모순적인 일이라고도 덧붙입니다.

버트런트 러셀도 비슷한 맥락에서 행복에 대해 이야기했습니다. 그는 《행복의 정복》에서 대체로 위인들은 조용한 삶을 살았다는 특징이 있으며, 위인들이 만끽했던 기쁨은 외부인의 시선에서는 결코 흥미롭지 않는 것이었다고 말합니다. 이를 통해 진정한 기쁨은 고요함 속에만 깃들 수 있기에 행복한 삶은 대개 조용하다는 사실을 전합니다.

이처럼 행복에 관한 여러 학자들의 견해는 세부적으로 조금씩 다른 측면은 있으나, 결국 같은 맥락을 공유하고 있습니다. 행복을 특별한 성취나 극적인 사건에서 찾기보다는 조용하고 반복되는 일상의 순간에서 발견해야 한다는 것입니다.

고요한 즐거움과
함께하는 기쁨 사이에서

세상에는 엇갈린 목소리를 내는 다양한 견해가 존재합니다. 예컨대 '결과보다 과정이 더 아름답다'는 관점과 '남들에게 성과로 인정받는 것이 중요하다'는 주장이 충돌하고, '쓸모를 통해 자신의 가치를 증명하지 말라'는 의견은 '세상에 쓸모 있는 사람이 되어야 한다'는 생각과 맞부딪힙니다. 또한 '지금 이 순간에 충실하라'는 태도와 '미래를 위해 현재를 기꺼이 희생하라'는 가치관도 상반된 선택지를 제시합니다.

이와 마찬가지로 '좋은 인간관계가 곧 행복이다'라는 견해와 '진정한 행복은 외부가 아닌 내 안에 있다'는 관점 역시 서로 대립하는 것처럼 느껴질 수 있습니다. 어느 쪽이 더 타당해 보일까요? 사실 어느 한쪽을 정답이라고 단언하기는 어렵습니다. 사람마다 가치관과 취향, 그리고 처한 상황이 달라서 어떤 것이 더 적합한지는 각자의 사정에 따라 달라질 테니까요.

지금까지 인간관계의 다양한 측면을 살펴보았습니다. 타인과 진정한 우정을 나누는 법, 상대방의 마음을 섬세하게 읽고 헤아리는 방법, 좋은 관계 속에서 스스로를 성찰하고 성장하는 삶 등에 대해 이야기했죠. 이 책의 마지막 장에서는 한 걸음 더 나아가 건강한 관계를 위해 꼭 필요하지만, 종종 간과되곤 하는 '관계와 고독의 균형'에 대해 이야기하려고 합니다.

인간관계가 왜곡되거나
균형을 잃었을 때

건강한 인간관계는 우리 삶을 풍요롭게 만들지만, 나를 보호하는 경계를 완전히 잃어버리면서까지 타인에게 희생하는 '병리적 이타성'은 자신뿐만 아니라 주변 사람들에게도 악영향을 끼칠 수 있습니다. 이런 사람들은 상대방의 문제를 자신의 문제처럼 여기는 탓에 지나치게 간섭하는 경향이 있죠. 상대방의 입장에서는 처음에는 고맙겠지만 시간이 지날수록 점점 부담스럽거나 죄책감을 느낄 수도 있을 겁니다.

비키 헬지슨과 하이디 프리츠의 연구를 통해 알려진 '경직된 친화성'이라는 개념은 자기 자신을 전혀 돌보지 않고 타인의 욕구와 필요에만 중심을 맞추는 성향을 뜻합니다. 경직된 친화성은 낮은 자존감으로 인해 타인의 칭찬과 인정에 의존하여 스스로를 평가하는 성향인데요. 연구에 따르면, 경직된 친화성이 높은 사람들은 암이나 심장 질환 등에 걸릴 위험이 큽니다. 타인의 문제를 내 문제처럼 여기며 자신의 감정이나 필요를 무시하는 행동은 만성적인 스트레스를 유발하고 면역 체계를 약화시켜, 암이나 심장 질환과 같은 심각한 질병의 위험을 증가시킬 수 있는 것입니다.

에리히 프롬은 《사랑의 기술》에서 '비이기주의'라는 정신분석학적 개념을 소개합니다. 언뜻 보기에 '비이기주의'는 이기심이 없는 긍정적인 상태 같지만, 전혀 그렇지 않습니다. 프롬은 비이기주의를 신경증의 한 증상이라고 보았는데요. 비이기주의자들은 겉으로는 '자신이 타인을 위해 살 뿐이고 아무것도 바라지 않는다'고 자랑하지만, 정작 그들은 가까운 사람들과의 관계조차 원활하지 못하고 갈등을 빚는다고 합니다. 비이기주의라는 표면 뒤에 억압된 적의와 매우 강렬한 자기 본위가 은폐되어 있기 때문이라는 게 프롬의 해석입니다. 그에 따르면, 비이기주의는 자아존중의 결핍과 내적 불안을 해소하려는 도구로 보는 신경증의 일종입니다. 즉 비이기주의와 이기주의는 겉으로는 드러나는 양상만 다를 뿐 사실은 동전의 양면이라는 이야기입니다.

주체성을 기르는 고독의 시간

인간관계는 우리 삶에서 중요한 요소이긴 하지만 나와 타인 사이의 건강한 균형을 잃으면 부정적인 양상을 띨 수도 있습니다. 특히 외로움을 많이 타는 사람들이 이런 위험에 노출되어 있는데요. 오직 타인과 연결되는 것만이 유의미하며 혼자 있는 시간은 무의미하다고 믿는 경향이 있기 때문입니다. 그러나 좋은 인간관계를 맺고 유지하기 위해서는 나 자신을 잃지 않는 경계가 바로 서야 합니다. 자기 자신을 향한 사랑, 존중, 신뢰가 탄탄할 때 비로소 타인과의 관계도 건강할 수 있으니까요.

다만 여기에도 맹점은 있습니다. 나를 사랑하고 존중하는 것은 중요하지만, 방향을 잘못 잡아 자아도취로 향하면 자기 자신과 상대방 모두에게 해롭습니다. 나를 소중히 여기는 것과 나에게 과도하게 집착하는 것은 다르니까요.

건강한 자기 사랑은 자신에 대한 집착을 줄이는 일이기도 합니다. 스스로를 사랑하고 존중하는 마음으로 나와 잘 지내되, 나에 대한 집착을 줄이고 덜 생각하는 연습이 필요합니다. 그러기 위해서는 의도적으로 외부로 관심을 돌릴 필요도 있습니다. 외부 세계에 관심을 두는 걸 나쁘게만 보는 시선도 있지만, 결코 그렇지 않습니다. 외부에만 지나치게 관심을 쏟는 상태가 문제지, 오직 자기 내부에만 과몰입하는 것도 건강한 상태는 아니죠.

타인과의 관계와 나 자신과의 관계는 동전의 양면 같아서 서로 분리하기 어렵습니다. 사람과의 관계에서의 오는 피로감을 회복시키는 것이 고독이고, 고독의 시간은 다시금 사람을 그리워하게 만드니까요. 따라서 관계와 고독 사이에서 균형을 잡는 것, 즉 중용의 지혜가 필요합니다.

어느 한 극단으로 치우치지 않고, 자신의 중심을 잘 지키는 선에서 타인에게 마음을 기울이는 황금비율은 사람마다 다를 수 있습니다. 외향성이나 내향성 같은 기질의 차이도 영향을 주겠지만, 핵심은 같습니다.《논어》〈자로子路〉 편에는 이런 지혜를 함축한 말이 있습니다.

군자는 조화하되 같지 않고, 소인은 같으나 조화하지 않는다.
君子和而不同, 小人同而不和(군자화이부동, 소인동이불화)

여기서 '조화롭게 어우러지지만 똑같아지지 않는다'는 화이부동和而不同이 유래했습니다. 즉 군자는 타인의 의견을 존중하면서도 자신의 독립적인 생각과 주관을 잃지 않는 사람입니다. 이런 주체성은 고독을 통해 강화됩니다. 고독은 나 자신과 대화하며 사회적 기대에서 벗어나 스스로의 원칙을 되돌아보는 시간입니다. 고독의 시간을 통해 내면의 힘을 다진 사람들은 타인과의 관계에서도 자신을 잃지 않으면서 진정한 조화를 이룰 수 있습니다.

관계와 고독의 시소 타기

수많은 연구가 보여주었듯, 다른 사람들과 함께하는 즐거움은 우리 삶에서 큰 비중을 차지합니다. 그러나 고요한 시간 속에서 스스로를 돌보는 것 또한 행복한 삶을 위해 필수적입니다. 긍정적인 관계를 통해 삶의 의미와 행복을 발견하면서, 동시에 홀로 있는 시간을 통해 내면의 성장을 이룰 수 있습니다.

관계와 고독의 균형을 추구하는 것은 서양 철학에서 자주 인용되는 '비타 악티바*Vita Activa*(활동적 삶)'와 '비타 콘템플라티바*Vita Contemplativa*(관조적 삶)'라는 개념과도 맞닿아 있습니다.

활동적 삶을 의미하는 비타 악티바는 다른 사람들과 교류하고 사회 속에서 능동적으로 활동하며 의미를 찾는 것을 중시합니다. 반면, 관조적 삶을 뜻하는 비타 콘템플라티바는 혼자 있는 시간을 소중히 여기며 성찰을 통한 자기 발견과 내면의 평온을 추구합니다.

이 개념들은 고대 동양 사상의 음陰과 양陽을 연상시킵니다. 양이 밝고 활동적인 에너지라면, 음은 어둡고 수용적인 에너지입니다. 이 두 가지 힘은 서로 대립하면서도 보완적인 관계를 이루므로 우열을 가릴 수는 없습니다. 우리에게는 타인과 어우러지는 비타 악티바와 자기 내면을 들여다보는 비타 콘템플라티바의 조화가 필요합니다.

고독은 관계와 대립되는 것이 아닌, 관계를 위한 필수적인 내적 준비 과정이라 할 수 있습니다. 관계와 고독의 조화를 추구함으로써 공자가 말한 화이부동을 실현할 수 있습니다. 이는 외부 세계에 적극적으로 뛰어드는 비타 악티바(활동적 삶)와 고요한 성찰을 중시하는 비타 콘템플라티바(관조적 삶)의 균형이 필요하다는 뜻이기도 합니다.

균형을 잘 추구하기 위해서는 무엇보다 생각과 태도가 유연해야 합니다. '중요한 것은 꺾이지 않는 마음'(줄임말 '중꺾마')이라는 말이 유행한 적이 있습니다. 하지만 때로는 꺾이지 않으려는 고집보다 중심을 잘 잡으면서 유연하게 꺾일 수 있는 마음가짐이 더 중요할 수 있습니다. 물론 매 순간 모든 영역에서 균형을 강박적으로 맞추는 것은 불가능하며 그럴 필요도 없죠. 우리에게 필요한 것은 서로 다른 극성을 띠고 있는 가치들 사이에서 언제 균형을 잘 잡아야 하는지 스스로 알고 행하는 지혜입니다.

'고요한 즐거움'과 '함께하는 기쁨' 사이에서 조화를 이루고 있나요? 내 삶에서 관계와 고독의 시소는 어느 쪽으로 더 기울어져 있나요? 지금 이 순간, 나 자신과의 고요한 대화가 필요한가요? 혹은 다른 누군가와의 따뜻한 연결이 필요한가요? 나만이 알 수 있습니다. 이제 그 답을 찾아갈 시간입니다.

무엇보다 자기 자신에게 진실하라.
그러면 밤이 찾아오는 것처럼 그 누구에게도 거짓될 수 없다.

윌리엄 셰익스피어

가까워도 상처 입지 않고 멀어도 외롭지 않은 관계 수업
어른은 적도 편도 만들지 않는다

1판 1쇄 인쇄 2025년 6월 18일
1판 1쇄 발행 2025년 6월 25일

지은이 장서우
펴낸이 고병욱

기획편집1실장 윤현주 **책임편집** 한희진 **기획편집** 김경수
마케팅 황혜리 황예린 권묘정 이보슬
디자인 공희 백은주 **제작** 김기창 **관리** 주동은 **총무** 노재경 송민진 서대원

펴낸곳 청림출판(주)
등록 제2023-000081호

본사 04799 서울시 성동구 아차산로17길 49 1010호 청림출판(주)
제2사옥 10881 경기도 파주시 회동길 173 청림아트스페이스
전화 02-546-4341 **팩스** 02-546-8053

홈페이지 www.chungrim.com **이메일** cr2@chungrim.com
인스타그램 @chungrimbooks **블로그** blog.naver.com/chungrimpub
페이스북 www.facebook.com/chungrimpub

ⓒ 장서우, 2025

ISBN 978-89-352-1477-8 03190